Theodor Tophoff

# Westphalens Bauernhöfe und Bauern-Stand

Theodor Tophoff

**Westphalens Bauernhöfe und Bauern-Stand**

ISBN/EAN: 9783743481305

Hergestellt in Europa, USA, Kanada, Australien, Japan

Cover: Foto ©ninafisch / pixelio.de

Theodor Tophoff

**Westphalens Bauernhöfe und Bauern-Stand**

## §. 1.

Auf einem Schulzenhofe in der Gemeinde Greven bei Münster geboren, habe ich schon in der Jugend ein Interesse für den Bauern= stand bekommen und dieses auch später in meiner anderweitigen Lebens= stellung mir bewahrt. Insbesondere beschäftigte mich oft die Frage, wie der Bauernstand zu erhalten sei. Wenn ich daher meine jetzige Muße dazu benutzt habe, um über diese wichtige Frage weiter nach= zudenken, und es wage, meine Gedanken darüber zu veröffentlichen, so darf ich hoffen, daß diese Schrift auch unter den Bauern selbst, für welche sie zunächst geschrieben ist, aufmerksame Leser finden werde, so wenig auch sonst der Bauersmann es liebt, viel zu lesen.

Es ist nicht zu läugnen, daß auch in Westfalen der Bauern= stand in seinem Fortbestehen durch mächtige, innere, wie äußere Feinde bedroht wird. Es ist ferner Thatsache,[1] daß in vielen Ländern der Bauernstand schon zu Grunde gegangen oder doch seinem Unter= gange nahe ist. Denn in England, wo am Schluße des siebzehnten Jahrhunderts noch 160,000 Bauern bestanden, gibt es heut zu Tage keine Bauern mehr, sondern nur Großgrundbesitzer, Pächter und Taglöhner. Halb Schottland gehört zwölf Familien; der Bauer ist in Armuth und Noth versunken. Auch in Italien ist ein selbst= ständiger Bauernstand nicht mehr vorhanden. Als der Bauer dort Herr seines Besitzthums geworden war, wurde dieses mit Schulden überhäuft und bald vom Capital verschlungen. Adel und Capitalisten haben die Bauerngüter angekauft und die Bauern zu Pächtern und Tagelöhnern herabgedrückt. In Frankreich[2] ist zwar noch ein kleiner Bruchtheil, nämlich der tausendste Theil von allem Grunde und Boden, im Besitze von bäuerlichen Eigenthümern geblieben, doch ein großer Theil von ihnen ist mehr dem Namen nach, als in

---

1) Siehe Breuker. Buer et is Tied. Dülmen bei Laumann. 1869. S. 18, 19, 20.
2) Rettung der Bauernhöfe. Münster bei Aschendorff. 1864.

1*

Wirklichkeit Eigenthümer, indem die Zinsen der auf ihren Besitzungen lastenden Schulden eben so bedeutend sind, als wenn ein Pacht bezahlt würde. Und wenden wir unsere Blicke zurück auf näher liegende Gegenden, so finden wir auch hier fast überall die Zustände in einer Entwicklung. die mit Grund den baldigen Untergang eines selbstständigen Bauernstandes befürchten läßt. So sehen wir in der Provinz Preußen mit Ausnahme des Ermlandes keine eigentlichen Bauerngüter mehr, sondern nur große Landgüter, die zu einer käuflichen Waare geworden und als solche häufig ihren Besitzer wechseln. Dagegen hat sich in Westfalen und namentlich im Münsterlande noch ein selbstständiger Bauernstand erhalten. Hier bestehen die Bauernhöfe noch. Da steht noch auf dem umzäumten Hofraume das lang hingestreckte Bauernhaus, darin oben einige Stuben und Kammern, dann die durch die ganze Breite des Hauses gehende große, weite Küche mit dem Feuerherde, darauf weiter nach unten hin die lange Tenne, zu beiden Seiten derselben die Ställe für die Pferde, Kühe, Schweine, neben diesem Haupthause der Speicher, das Back- und Brauhaus, die Scheune, der Schuppen, der Schafstall; um diese Gebäude liegen herum der Garten, der Obstbaumhof, die Ackerländereien, die Wiesen, Weiden, zu einer schönen Gruppe geordnet; oft schließen sich diese unmittelbar an eine Seite der Hauptwohnung an. Und auf einem solchen Hofe sitzt meistens noch der freie, selbstständige Bauer, nicht ein Pächter, sondern Eigenthümer, und wenn er eines genügenden Wohlstandes sich erfreut, um seine Steuern und Abgaben bezahlen zu können, ein unabhängiger Mann, wie wenig Andere. In Westfalen sind noch nicht so traurige Zustände, wie in England, Irland, Schottland, Italien und anderswo eingetreten. Unsere Bauernfamilien sind noch nicht arme Taglöhner-Familien geworden, die in Noth und Elend schmachten und wie körperlich, so sittlich immer mehr herunterkommen. Noch besteht in Westfalen ein kräftiger, guter Bauernstand.

### §. 2.

Wer sollte nicht wünschen, daß auch ferner dieser erhalten bleibe.

Am lebhaftesten werden dieses unsere Bauernfamilien selbst wünschen; denn ihr Wohlergehen, ja ihr Fortbestehen hängt davon ab. Aber dieser Wunsch wird von vielen Seiten getheilt. Denn mit dem Untergange des Bauernstandes werden Kirche, Staat, Gemeinde und die ganze Gesellschaft die schwersten Verluste erleiden.

Die Kirche würde nämlich gerade die Familien — und diese bilden auf dem Lande den größten Theil der Pfarreingesessenen — verlieren, in denen noch ein gläubiger, religiöser Sinn herrschet, auf einen fleißigen Besuch des Gotteshauses und eine christliche Erziehung der Kinder Gewicht gelegt wird und alle Tugenden eine sorgsame Pflege finden. Wir wollen hier nicht weiter hervorheben, daß aus diesen Familien eine nicht geringe Zahl der Geistlichen hervorgeht, auch sie für die Bedürfnisse der Kirche und Schule in ihrem gegenwärtigen Wohlstande mehr leisten können, als besitzlose Proletarier. Nicht geringere Nachtheile würden den Staat treffen, der jetzt von den Bauernhöfen seine körperlich kräftigen, gegen die Strapazen des Dienstes abgehärteten Soldaten bekommt, an den Bauern solide, allem Umsturze abholde Staatsbürger und gute Steuerzahler hat. Wie sehr ein kräftiger Bauernstand eine wahre Stütze des Staates ist, zeigt sich recht deutlich in Zeiten der Noth, wo gerade die Bauern mit ihrem festen, weniger den Schwankungen und nicht der plötzlichen Zerrüttung ausgesetzten Grundvermögen dem Staate den besten Rückhalt bieten und Hülfe bringen können. Eben so wichtig ist der Fortbestand eines kräftigen Bauernstandes für die Landgemeinden, deren Kraft und Selbstständigkeit mit jenem nothwendig aufhören muß; und selbst die Stadtgemeinden, die jetzt für die aussterbenden oder sonst zu Grunde gehenden Familien stets aus dem Bauernstande ihre Verjüngung und Erneuerung erhalten, würden durch den Verfall desselben mitleiden. Endlich, wenn in allen Zeiten der Mittelstand das beste Fundament für den Wohlstand, das Glück und den Frieden der Gesellschaft war, in unseren Tagen aber besonders in Industriegegenden Alles dahin drängt, daß der mittlere Vermögensstand mehr und mehr schwindet und die Gesellschaft sich immer mehr in wenige „steinreiche" und viele „blutarme" auflöset, ist da nicht dringend zu wünschen, daß die Bauernhöfe meistens von mittlerer Größe mit dem kräftigen Bauernstande erhalten bleiben? Oder hat die Gesellschaft nicht schon genug zu fürchten und zu leiden von dem Arbeiter-Proletariat? Soll zu diesem noch ein zweites, ein Ackerbau-Proletariat kommen? Was Tiberius Gracchus in Italien, als aller Grund und Boden in den Besitz der „Nobiles" übergegangen war, die ihre Besitzungen (Latifundien) durch Sclaven, nachdem die Bauern aus ihrem Besitze vertrieben, bebauen ließen, wiederherstellen wollte, was in unseren Tagen der englische Minister Bright durch seinen Plan, einen Theil des Grundbesitzes in Irland anzukaufen und wieder in Complexen von mittler Größe an solche, die dieselben selbst bebauen wollen, zu verkaufen, erst schaffen will, nämlich einen mittleren

Bauernstand, worin Gracchus das einzige Rettungsmittel erkannte, um den Römischen Staat vor dem Verderben zu bewahren und ebenfalls Bright, um auf die unglückliche Insel wieder Ruhe und Frieden zu bringen, dessen erfreuen wir uns noch in Westfalen, und darin eines Gutes, welches unserer Provinz bisher einen zwar mäßigen, aber soliden Wohlstand und ruhige Zustände gesichert hat. Denn so lange der erbgesessene, friedliche Bauernstand bei uns einen so wesentlichen Theil der Bevölkerung bildet, haben wir nicht, wie früher in Rom und jetzt in Irland, stets Aufstände. Unruhen, Mord und Todtschlag zu fürchten. Es kann daher nur der allgemeine Wunsch sein, daß der Bauernstand Westfalens erhalten bleibe.

## §. 3.

Wenn nun aber für die Erhaltung eines kräftigen Bauernstandes so bedeutende Gründe, so wichtige Interessen sprechen, so erhält auch dadurch die Frage, wie derselbe zu erhalten ist, eine erhöhte Bedeutung, die höchste Wichtigkeit; diese Frage ist wichtig nicht blos für den Bauer, den sie freilich zunächst berührt, sondern eben so für alle, denen das Wohl der Kirche, des Staates, der Gemeinde und der Gesellschaft am Herzen liegt, sie ist wichtig nicht blos für unsere Zeit, sondern sie bleibt wichtig, so lange der Bauernstand in seinem Fortbestande bedrohet ist, sie ist von allen bäuerliche Verhältnisse betreffenden Fragen die wichtigste, vereinigt alle diese in sich und erfordert daher die eingehendste Behandlung.

Ein Gebäude, welches fest stehen soll, muß ein gutes Fundament haben. Für die Erhaltung des Bauernstandes wurde bisher das Fundament darin gefunden, daß der Hof nicht getheilt, sondern ungetheilt an eins der Kinder vererbt wurde. Allgemein hielten unsere Bauern an diesem Gebrauche der früheren Zeit, als das Bauerngut noch im gutsherrlichen Verbande stand, fest, die Untheilbarkeit des Hofes war für sie ein unabänderliches Princip. Und es ist nicht zu läugnen, daß gerade durch die Untheilbarkeit die Höfe selbst, und damit der Bauernstand erhalten ist. Aber gegen diese ungetheilte Vererbung des Hofes an eins der Kinder erheben sich die schwersten Bedenken. Denn seitdem durch die unten in der Note [3] angeführten Gesetze

---

3) Die Leibeigenschaft wurde im Königreich Westfalen durch das Decret vom 23. Januar 1808 und für das Großherzogthum Berg und Cleve durch das kaiserliche Decret vom 12. Dezember 1808 aufgehoben Siehe die

unsere Hofbesitzer aus leibeigenen, erbunterthänigen, eigenbehörigen Bauern Eigenthümer ihrer Höfe geworden sind, haben alle Kinder, welche auf dem Hofe geboren sind, gleiche Rechte und Erbansprüche an denselben. Auf den Bauernhöfen wird aber meistens nicht so viel baares Geld oder sonstiges Vermögen verübrigt und gewonnen, daß die Kinder, welche außer dem Anerben noch vorhanden sind, eine gerechte Abfindung erhalten können; der Hof bildet meistens die Hauptvermögenssubstanz. So wird also, wenn der Hof einem übertragen wird, dieser vor seinen Geschwistern außerordentlich bevorzugt, diese dagegen werden schwer benachtheiliget. Und diese Benachtheiligung tritt um so greller hervor, je größer der Hof und je geringer der Betrag ist, welcher den anderen Kindern als Abfindung gegeben werden kann.

Für die Kinder, welche im Bauernstande bleiben und sich auf einen anderen Hof verheirathen, findet wenigstens noch eine theilweise Ausgleichung Statt, indem auch von diesem Hofe die abgehenden Kinder geringere Abfindungsquote erhalten. Besonders empfindlich ist die geringe Abfindung aber für die Bauernsöhne, welche sich einem anderen Berufe zuwenden, etwa dem Studium oder der Kaufmannschaft und um eine Lebensstellung zu gewinnen, mehr Capital in der Regel nöthig haben, als sie von ihrem Hof bekommen können. Die Uebertragung des Hofes an eins der Kinder schließt also in der Regel eine große Ungerechtigkeit gegen die übrigen Kinder in sich.

Denn nach strengem Rechte müßte, wie bei einem Bürger in der Stadt, auch bei einem Bauer das ganze Vermögen, der Hof, die Capitalien und sonstiges Eigenthum unter die Kinder zu gleichen Theilen getheilt werden. Aber diese Gleichtheilung würde zu einer Zerstückelung oder zum Verkaufe des Hofes nothwendiger Weise führen. Im letzteren Falle hat selten eins der Kinder so viel Geld zur Verfügung, als der Ankauf des Hofes erfordert, kann auch die dazu erforderliche Summe selten beschaffen. Das bisherige Bauerngut geht dann an einen Capitalisten oder Großgrundbesitzer über und für die Bauernfamilie und den Bauernstand meistens verloren. Die Erfahrung lehrt es und es liegt auch ganz in der Natur der Sache, daß diese Art der Erbtheilung die Auflösung oder den Verlust der Höfe und den Untergang des selbstständigen Bauernstandes zur Folge haben würde.

Sammlung der betreffenden Decrete von Temme, Berlin 1841. Auch nach §. 4 des Gesetzes vom 21. April 1825 blieb die Leibeigenschaft mit allen ihren Folgen aufgehoben. Siehe das Weitere in Anhang III.

So treten zwei, wie es scheint, unvereinbare Gegensätze sich entgegen. Auf der einen Seite verlangt die Erhaltung des Bauern= standes die Vererbung des Hofes an eins der Kinder, auf der andern Seite können aber auch die anderen Kinder eine gerechte Abfindung verlangen. Soll das bisherige Verfahren den Hof nicht zu theilen, sondern einem der Kinder zu übertragen, aufrecht gehalten werden, so ist eine vollständige Ausgleichung dieser Gegensätze nicht möglich. Aber, wenn dieses auch leider wahr ist, kann dann nicht wenigstens für eine theilweise Ausgleichung mehr, als bisher geschehen? Ist es denn nicht ein wahrer Jammer, zu sehen, wie mancher Bauernsohn in seiner frischen Jugendkraft sich so gern einen Wirkungskreis schaffen und eine Familie gründen möchte, aber diesem Wunsche entsagen muß, weil ihm die Mittel dazu fehlen? Ihn erwartet das traurige Loos, entweder als „alter Ohm" auf dem Hofe zu verkümmern oder als Heuerling oder als Tagelöhner später kümmerlich sein Brod zu erwerben. Die Bauernsöhne dienen im Heere, sehen andere Ver= hältnisse, kommen wenigstens aus dem engen Gesichtskreise des Hofes heraus, auch in die ländliche Bevölkerung dringt immer mehr das Rechtsbewußtsein und so wird das Unrecht, welches durch die Ver= erbung des Hofes an eins der Kinder für die übrigen entsteht, mehr und mehr empfunden werden. Es wird dahin kommen, daß die bisherige Vererbung des Hofes immer mehr angegriffen und so endlich unhaltbar werden wird, wenn nicht auf eine bessere Ver= sorgung der übrigen Kinder mehr Bedacht genommen und größere Abfindungsquote ihnen gegeben werden. Zwar ist es nicht zu läugnen, daß unsere Bauern das längst gefühlt und sich auf alle Weise bemüht haben, die Abfindungen möglichst hoch zu stellen. Die Redensarten: „Der Bauer hat nur ein Kind," „die übrigen werden mit einem „Ei und Apfel" abgefunden," gehören im vollen Sinn des Wortes mehr einer früheren Zeit an, als sie jetzt in den meisten Fällen noch zutreffend sind. Aber die Abfindungen der übrigen Kinder mußten doch immer in der Gränze gehalten werden, daß der Hof nicht zu sehr mit Schulden belastet wurde und in Gefahr kam, später ver= kauft werden zu müssen. Es liegt somit in der That die dringendste Veranlassung vor, nachzudenken ob auch innerhalb dieser Gränze nicht noch mehr als bisher für die übrigen Kinder gesorgt werden kann, ob sich nicht noch neue Mittel und Wege auffinden lassen, um größere Summen für die Abfindungen zu beschaffen. Es giebt keinen Gegenstand, der für die Aufrechthaltung der bisherigen Vererbung des Hofes und so für die Erhaltung eines kräftigen Bauernstandes wichtiger wäre. Meine Gedanken darüber will ich in Folgendem vorlegen.

## §. 4.

Meistens gäbe man gern eine höhere Abfindung, wenn nur dazu das Geld nicht fehlte. Dieses wird in größerem Maaße, als bisher, bis zu dem Zeitpunkte, wo die Kinder erwachsen sind, vorhanden sein, wenn Derjenige, dem der Hof übertragen ist, gleich vom ersten Jahre seiner Bewirthschaftung ab alle Jahre eine gewisse Summe überzugewinnen oder zu ersparen sucht. Den Einwand, daß dieses in den meisten Fällen nicht möglich sei, kann man nicht gelten lassen. Denn auf den meisten Höfen wird für Putz und unnützen Tand noch mancher Thaler ausgegeben, der erspart werden könnte. Eben so läßt sich durch eine thätigere und geschicktere Bewirthschaftung ein größerer Ueberschuß gewinnen. Es kommt hier auf den ernstlichen Willen Alles an. Wenn aber der Hofbesitzer erwägt, daß ihm mit einer so großen Bevorzugung vor seinen Geschwistern der Hof übertragen, ihm damit aber auch die Verpflichtung aufgelegt ist, diesen seiner Familie zu erhalten, dieses aber nur möglich sein wird, wenn die abgehenden Kinder eine größere Abfindung erhalten, wie sollte er es da nicht als seine heiligste Pflicht erkennen, zu arbeiten und zu sparen, um die Mittel zu beschaffen, daß er später wieder den Hof an eins seiner Kinder vererben und gleichzeitig auch den übrigen eine gehörige Abfindung geben kann?

Würden jährlich auch nur hundert Thaler erspart, so macht das in dreißig Jahren schon drei Tausend Thaler, ohne die Zinsen und Zinseszinsen zu rechnen. Durch diese läßt sich das ersparte Capital, wenn es sicher angelegt wird, noch bedeutend erhöhen. Wir werden später darauf zurückkommen, wo und wie dieses am besten angelegt wird. Soviel ist also klar, die rechtzeitige Ansammlung eines Abfindungscapitals, oder wie man dieses auch wohl nennt, eines Brautschatzes ist durchaus nothwendig, wenn das bisherige Verfahren, den Hof an eins der Kinder zu vererben und die übrigen abzufinden, aufrecht erhalten werden soll, und ist um so nothwendiger, als nur auf diese Weise ein selbstständiger Bauernstand zu erhalten ist. Und nicht blos ist ein Capital zu diesem Zwecke anzusammeln, sondern es ist dieses auch auf alle Weise, soviel nur die Erhaltung des Hofes zuläßt, zu vermehren. Oft gehören zu dem Hofe abgelegene Grundstücke, die ohne Schaden für den Hof verkauft werden können; auf manchen Höfen findet sich Holz, welches abständig ist. Dieses, wie jene Grundstücke können verkauft werden, um durch die daraus gelösete Summe das Abfindungscapital zu vergrößern. Noch gibt es einen anderen Weg, um für die anderen

Kinder besser zu sorgen. Es ist die Abfindung nicht mit baarem Gelde, sondern durch Grund und Boden. Man hört oft die Behauptung aussprechen, daß vielfach unsere Bauernhöfe zu groß seien, unsere Bauern viel mehr Grund und Boden hätten, als sie bewirthschaften könnten. Wenn sie weniger Ländereien hätten, so würden sie diese besser düngen und beackern können und einen größeren Ertrag erzielen. Außerdem gehören zu manchen Höfen große Parzellen, die jetzt Wenig oder Nichts aufbringen, sie sind mit elendem Holzgestrüppe bewachsen, oder werden zur Weide benutzt, das Vieh verschmachtet aber auf denselben. Diese wüsten, uncultivirten Flächen sind nun durch die Markentheilung noch bedeutend vermehrt, indem aus dieser den Höfen große Complexe zugefallen sind; man nimmt aber auch von diesen wenig in Cultur, sondern läßt sie meistens wild liegen und mit Holz, wenn es von selbst aufschlägt, bewachsen. Daß aber manche jener Parzellen und dieser Complexe noch culturfähig sind, sogar in Ackerland umgeschaffen werden können, beweisen die Köttereien der sogenannten „Neubauern." Was früher Wildgrund war, ist jetzt ein Garten mit Obstbäumen, Ackerland, Wiese oder Weide; was früher Nichts einbrachte, ernährt jetzt eine, oft große, Familie, was früher wüst und öde dalag, gewährt jetzt einen erfreuenden Anblick. Freilich hat dieses unsägliche Mühe und Anstrengung und viele Schweißtropfen gekostet. Diese werden gewiß unsere wackeren Bauernsöhne nicht scheuen, wenn es gilt, sich eine Familie und ein Lebensglück zu gründen. Auch würden sie eine solche neue Anlage um so leichter machen können, da sie von ihren Eltern auf alle mögliche Weise unterstützt werden würden. Das werden aber gewiß selbst unsere Bauern, wenn sie etwas Verstand und unbefangenes Urtheil haben, zugeben müssen, daß zur Erhaltung eines ordentlichen Bauernstandes nicht unbedingt nothwendig ist, daß unsere großen Höfe in allen Fällen ihre jetzige Ausdehnung behalten. Vielmehr wird es zur Kräftigung des ganzen Standes erheblich beitragen, wenn manche Höfe in zwei oder drei Höfe zerlegt werden, oder auf denselben für den zweiten oder dritten Sohn eine neue Niederlassung gegründet wird. Dadurch würde manche Fläche, die jetzt nutzlos daliegt, urbar gemacht werden. Dadurch würde mancher rüstige Bauernsohn, der jetzt, weil er keinen Wirkungskreis gewinnen kann, verkommt und versauert, Gelegenheit finden, seine Thätigkeit zu entwickeln, einen eigenen Hausstand zu gründen und ein nützliches Mitglied der Gemeide zu werden. Jedenfalls wird er dann besser versorgt sein, als wenn er später als Heuerling seines Bruders oder als Tagelöhner, Lohndiener, oder als Postillion oder in anderen niedrigen

Stellungen sich durchschlagen muß. Dann hinterläßt er in der Regel eine arme Familie, die das Proletariat vermehrt, in jenem Falle würde er der Stifter einer neuen Bauernfamilie werden, die bei Fleiß und Sparsamkeit sich auf der Höhe eines genügenden Wohlstandes erhalten kann. Oft ist der Anfang zu einer solchen neuen Anlage schon gemacht in einem zu dem Hofe gehörigen Kotten, dem nur die nächst liegenden, oft vom Hofe zu entfernt gelegenen Ackerländereien, Wiesen und Weiden, sowie Theile des aus der Markentheilung bekommenen Wildgrundes hinzuzulegen wären. Doch ist auch nicht zu läugnen, daß in vielen Fällen die Gründung von solchen, ich möchte sagen, neuen Höfen große Schwierigkeiten hat. Denn meistens bildet jetzt der Hof in seinen Ländereien, Wiesen, Weiden ein wohl geordnetes Ganze, welches um so weniger leicht zerrissen und in neue und mehrere gut zusammenhängende Ganze getheilt werden kann, wenn die einzelnen Theile des alten Hofes nicht so liegen, daß sie passend zusammen gelegt werden können. Oft auch sind die Wohngebäude und Stallungen, die ihrer Größe und Beschaffenheit nach der jetzigen Ausdehnung des Hofes entsprechen, aber für die neuen Anlagen zu groß und unpassend sein würden, umzubauen und auf eine andere Stelle zu verlegen. Ohne Kosten und Auslagen läßt sich auf keinen Fall eine solche Anlage machen. Doch das ist nicht schlimm; denn die zu diesem Zwecke gegebenen Gelder müßten ja auch sonst dem Sohne als Abfindung gegeben werden. Der Vater hat die Freude zu sehen, wie der Sohn das, was er von ihm erhalten, gut anwendet und sich damit in seiner Nähe eine neue Stätte gründet. Er braucht jetzt nicht herumzuschauen, wo er seinen Sohn auf einem anderen Hofe anbringen könne, er schafft ihm auf seinem eigenen Grunde und Boden einen Herd. Mag auch der Boden in einigen Theilen Westfalens nicht der beste sein und ohne vielen Dünger nicht ertragsfähig gemacht werden können, ich hoffe doch, daß unsere Hofbesitzer die Abfindung durch Grund und Boden, die Gründung eines neuen Hofes in Zukunft mehr als bisher versuchen und sich nicht durch die Schwierigkeiten werden abschrecken lassen. Es ist sehr erfreulich, daß unsere Bauern noch eine gewisse Liebe und treue Anhänglichkeit an ihren Hof haben, auf welchem sie geboren, seit Lebens sich geplagt, so manche gute Verbesserungen vorgenommen, so manchen Baum für spätere Enkel gepflanzt haben. Dieses warme Gefühl der Anhänglichkeit für den angestammten Besitz hat wesentlich dazu mitgewirkt, daß dieser noch nicht zur stets feilen Waare geworden, sondern durch viele Generationen im Besitze derselben Familie geblieben ist.

Diese für die Erhaltung des Bauernstandes so wichtige Liebe zu der Geburtsstätte und dem Wohnsitze der Familie wird aber dadurch, daß der alte Hof in zwei oder drei neue Wohnsitze der Familie umgeschaffen wird, nicht geschwächt, sondern vielmehr neu befestigt. Höchstens kann sich dadurch der Groß-Schulzen-Stolz verletzt fühlen. Aber die zu große Ausdehnung des Hofes kann zu einer wahren Last werden und der große Schulze, welcher große Complexe seines Hofes unbenutzt liegen lassen muß, ist oft weniger glücklich gestellt, als der Besitzer eines Bauernhofes von mittlerer Größe, der alle Theile seines Besitzthums gut bewirthschaften kann und sich dadurch eine Selbstständigkeit und einen Wohlstand schafft, daß er mit dem großen Schulzen nicht tauschen möchte. Es ist selbstverständlich, daß der alte Hof in allen Fällen die Größe behalten muß, daß eine Bauernfamilie darauf leben und bestehen kann. Wir werden später bei der Besprechung der Bauernvereine auf diesen Gegenstand zurückkommen. Jedenfalls weiset die allzuausgedehnte Größe, die jetzt besonders durch die Markentheilung viele Höfe erlangt haben, auf die Gründung neuer Anlagen, als auf die natürlichste und naheliegendste Abfindungsart wenigstens für eins der Kinder hin. Dabei ist nicht zu läugnen, daß falls mehrere Söhne auf dem Hofe sind, es immer noch wünschenswerth bleibt, daß nicht alle im Bauernstande bleiben, sondern wenigstens einer von ihnen entweder studirt, oder die Kaufmannschaft erlernt, oder was noch rathsamer ist, Bäcker, Bierbrauer oder Metzger wird. Auf diese Weise ist schon mancher Bauernsohn zu einer glücklichen Lebensstellung gelangt. Vielleicht findet der einsichtige Bauer noch andere Mittel und Wege, um seinen Kindern zum Glücke zu verhelfen. So viel ist aber aus dem Gesagten klar, daß wenn das Princip, den Hof an eins der Kinder zu vererben, — das bisherige Fundament, den Bauernstand zu erhalten, aufrecht erhalten bleiben soll, für die Kinder, die auf dem Hofe außer dem Anerben vorhanden sind, genügender als bisher gesorgt und ihnen größere Abfindungsquote, namentlich wenn diese in baarem Gelde bestehen, verabreicht werden müssen. Die Ansammlung eines Capitals für spätere Abfindungen ist und bleibt daher im höchsten Grade wichtig, ja nothwendig, so schwierig dieses auch zu gewissen Zeiten werden kann. Es wird überhaupt nur einem sehr fleißigen, sparsamen und tüchtigen Wirthschafter gelingen, dieses Capital auf eine irgend ausreichende Höhe zu bringen. Daher ist die Wahl des Anerben gewiß keine gleichgültige Sache, sondern sie ist für die Erhaltung des Hofes und nicht minder für die Eltern, für die Kinder und für den Fortbestand der ganzen Familie von großer Bedeutung.

Derjenige, welchem der Hof zugedacht ist, wird sich ernstlich prüfen, ob er nach seinen Verhältnissen und Eigenschaften im Stande ist, diesen schweren und großen Pflichten zu genügen. Und gewissenhafte Eltern werden, wenn sie die Auswahl unter mehreren Söhnen, haben, alle Ueberlegung anwenden, und nach allen Seiten erwägen welcher von diesen nach seiner bisherigen Führung, nach seiner geistigen Befähigung, nach seinen Leistungen und Gesinnungen der geeignetste ist. Sie haben zwar, seitdem der Hof nicht mehr unter einem Gutsherrn steht, jetzt allein den Anerben zu bestimmen, werden aber wohl thun, wenn sie in diesem Punkte im Einverständnisse mit ihren Kindern handeln, zumal wenn diese erwachsen sind. Denn auf diese Weise bleibt der Frieden im Hause und in der Familie erhalten. Deßhalb ist zu rathen, daß die Eltern nicht einseitig ein Testament, sondern unter Zuziehung aller Kinder einen Uebertrag oder Erbvertrag, für welchen durch das Gesetz vom 22. Juli 1861 der Stempel ermäßigt ist, machen, worin der Anerbe und gleichzeitig die Abfindungen für die übrigen Kinder in einer Weise, daß den Wünschen Aller möglichst entsprochen wird, zu bestimmen sind. Auf den meisten Höfen haben die Kinder noch so viel Pietät, daß sie sich in den Willen der Eltern fügen und keine Schwierigkeiten machen. Doch mag jenes auch in einigen Fällen schwierig sein, die Erhaltung des Hofes macht es unbedingt nothwendig, daß die Eltern vor ihrem Ableben über die Erbfolge und die Abfindungen genaue und feste Bestimmungen treffen. Denn wenn diese von einem oder dem anderen der Kinder angefochten werden, so kann das Gesetz vom 4. Juni 1856 — betreffend die Abschätzung von Landgütern zum Behufe der Pflichttheils-Berechnung in der Provinz Westfalen — in Anwendung gebracht und dadurch eine Zerstückelung des Gutes abgewandt werden. Haben aber die Eltern bei Lebzeiten über die Erbfolge und Abfindungen keine Bestimmungen getroffen, dann geht gewöhnlich das Gut für die Familie verloren, indem die Kinder nicht anders meistens, als durch den Verkauf desselben sich auseinandersetzen können.

## §. 5.

Aber den Hof ungetheilt an eins der Kinder zu vererben oder ihn doch nur soweit zu theilen, daß jeder Theil noch eine hinreichend große mittlere bäuerliche Besitzung bleibt, und die Kinder, die vom Grunde und Boden des Hofes Nichts erhalten, mit einem angemessenen Geldbetrage abzufinden, Alles dieses ist für sich allein noch nicht ausreichend, um in Westfalen einen kräftigen Bauernstand zu erhalten, es muß noch hinzukommen, daß unsere Bauern sich den religiösen, guten, christlichen Sinn, die Arbeitsamkeit und Sparsamkeit bewahren, eine größere Bildung zu gewinnen suchen und durch Vereinigung sich stärken. Auf diese Punkte haben schon Herr Breuker und der Freiherr von Schorlemer-Alst[4]) mit allem Nachdrucke hingewiesen, doch sind sie einzeln und im Ganzen so wichtig, daß sie nicht oft genug empfohlen werden können.

Der religiöse, gute, christliche Sinn, sich in allem Denken, Wollen, Handeln nach Gottes heiligem Willen und Geboten zu richten, seinem Glauben und seiner Kirche je nach der Confession treu und fest ergeben zu sein, mit der Arbeit das Gebet zuverbinden, das ewige Leben höher als alle irdischen Güter zu achten, hat bisher zur Erhaltung eines kräftigen Bauernstandes in Westfalen ganz wesentlich beigetragen. Eben weil die ländliche Bevölkerung auf diesem religiösen Grunde fest stand, blieb sie vor den Lastern, die der Ruin der Menschen sind, mehr als andere Classen der Gesellschaft bewahrt, erhielt sie sich in den guten Sitten und Tugenden und so in der Kraft. So konnten die Laster, welche in der menschlichen Gesellschaft eine so große Zerstörung anrichten, die allgewaltige Genußsucht, die Unkeuschheit, die Geld- und Habgier sich bei unsern guten Landleuten noch nicht einnisten und die Ueberherrschaft gewinnen, sondern in ihren Häusern blieben noch die guten Sitten und Tugenden, die schon Tacitus an den alten Teutschen rühmt, die Mäßigkeit und Enthaltsamkeit, die Keuschheit, die Geringschätzung der irdischen Güter, mehr als anderswo wohnen. Nichts ist daher ernstlicher zu rathen, Nichts mehr zu wünschen, als daß der Bauernstand die gute Grundlage der Religion und des Glaubens und damit seine Tugenden und guten Sitten sich getreu zu bewahren suche, die zerstörenden Laster aber nicht Macht gewinnen lasse. Daher darf er von dem Verlangen nimmer zurückweichen, daß die Schulen confessionell, das heißt mit der Kirche enge verbunden bleiben, damit die Kinder in derselben einen guten Religionsunterricht und eine wahrhaft religiöse Erziehung erhalten.

Ein zweites, wichtiges Moment zur Erhaltung des Bauernstandes, eine nothwendige Bedingung seines Wohlstandes ist die Arbeitsamkeit, die unverdrossene Thätigkeit. Der Boden in Westfalen ist meistens nicht so ergiebig, daß er ohne sorgsame Bebauung und gute

---

4) Die Lage des Bauernstandes in Westfalen und was ihm Noth thut. 2. Aufl. 1864. Münster bei Aschendorff. — Breuker in der oben genannten Schrift.

Bedüngung Früchte hervorbringt. Wenn es überhaupt wahr ist, daß den Sterblichen Nichts, was wahrhaft einen Werth hat, ohne Arbeit, Mühe und Anstrengung zu Theil wird, so ist dieses beim Ackerbau im erhöheten Grade der Fall. Nur, wer seinen Acker fleißig bebauet, kann mit Gottes Segen auf gute Früchte hoffen; nur, wer auf die Viehzucht Fleiß verwendet, kann aus dieser Nutzen ziehen; nur, wer sich thätig bemühet, seine Wiesen, Weiden, Holzungen zu verbessern, kann von diesen einen reichen Ertrag erwarten. Nur dem unermüdlichen Fleiße folgt der Wohlstand. Nur der thätige Landmann hat die Freude, auf herrliche Saatfelder, stattliches Vieh und immer steigenden Wohlstand hinschauen zu können. Er bringt durch Thätigkeit seinen Hof empor und macht sich zu einem wohlhabenden und unabhängigen Mann. Dagegen wird, wie traurige Beispiele genugsam beweisen, der Bauer, welcher seine Wirthschaft vernachläßigt, träge und faul ist, lieber auf die Jagd geht, als auf seinem Acker arbeitet, und sein Vergnügen im Wirthshause sucht, bald in Schulden gerathen, Haus und Hof verlieren und zu einem armen Kötter und Tagelöhner erniedrigt werden, wenn nicht zur rechten Zeit noch für ihn fleißige Söhne die Wirthschaft übernehmen, oder gute Nachbarn oder Verwandte eintreten. Dieses war bisher nicht selten der Fall und so ist es verhütet worden, daß nicht noch mehrere Höfe zu Grunde gegangen und ihren Besitzer gewechselt haben. Denn in Westfalen und namentlich im Münsterlande haben die meisten Höfe sich in Wohlstand und im Besitze der Familien erhalten. Dieses haben wir hauptsächlich dem Fleiße unserer Bauern zu verdanken, die im Laufe der Zeit, besonders wenn niedrige Kornpreise eintraten, oft genug bei dem vielfach schlechten Boden, erhöheten Staatssteuern, vermehrten Abgaben für das Gemeindewesen, für Kirche und Schulen, in Bedrängniß kamen und alle Noth hatten, ihr Gut von Schulden frei zu erhalten. Dieses war freilich nicht möglich, wenn sie die günstige Gelegenheit, welche ihnen durch die Ablöse-Ordnung von 13. Juli 1829 geboten wurde, um sich von ihrem Gutsherrn los zu machen, benutzen wollten. Es erregt aber unsere Bewunderung, wenn wir sehen, wie meistens die Bauern sich bemüheten und anstrengten, die zur Ablöse der Dienste und der gutsherrlichen Abgaben angeliehenen Capitalien so bald als möglich wieder abzutragen. Haben doch, wie Herr Regierungsrath König in seiner Statistik des Regierungsbezirks Münster S. 34 bemerkt, 16,835 Gutsbesitzer, also fast die Hälfte im hiesigen Regierungsbezirke, sich von ihren gutsherrlichen Reallasten freigemacht und dafür ein Capital von 3,713,012 Thlrn. bezahlt.

Und wie viele Bauerngüter sind jetzt nicht völlig schuldenfrei! Wie sehr hat der Wohlstand sich gehoben? Alles dieses muß für unsere jetzigen Hofbesitzer, die eben durch den Fleiß ihrer Vorfahren in diese glückliche Lage gekommen sind, ein mächtiger Sporn sein gleich thätig zu sein. Aber mit dem Fleiße ist Sparsamkeit zu verbinden. Was nützet der angestrengteste Fleiß, um zu erwerben, wenn das Erworbene nicht sparsam zusammengehalten, sondern für allerlei unnütze Ausgaben auf leichtsinnige Weise verschwendet wird? Früher fand man kaum anderswo eine sparsamere Wirthschaft, als in den bäuerlichen Haushaltungen, vorzüglich zeichneten sich die Hausfrauen durch Sparsamkeit aus. Jetzt soll auf vielen Bauernhöfen an die Stelle der Sparsamkeit eine unsinnige Verschwendung getreten sein. Lesen wir nur, was der Verfasser der Schrift: „Rettung der Bauernhöfe" unter der Aufschrift: Schlechte Wirthschaft auf Seite 7—9 sagt: —

„Es wird den Bauern oft der Vorwurf gemacht, daß sie geizig seien, sie drehten den Pfennig erst zweimal in der Hand herum, bevor sie ihn ausgeben. Von einzelnen mag das wahr sein, im ganzen genommen ist der Bauernstand wohl eher verschwenderisch, er giebt mehr Geld aus, als für ihn gut ist. Diese Verschwendung fängt oft mit dem Neubau des Hauses an, und zu dem neuen Hause gehört dann eine neue theure Einrichtung. In der Anrichte wird seines Porzellan blos zur Schau und zum Prunke aufgeschichtet, in den tapezirten Stuben hängen ausgesuchte Kupferstiche mit Goldrahmen, im Saale giebt es zwei mächtige Spiegel, feine Stühle, das Sofa darf nicht fehlen, und auf der Kommode stehen allerlei Schnurrpfeifereien. Was kosten aber erst die Kleider! Kanten, Spitzen, Bänder, Mützen, Umschlagtücher, seidene Kleider! goldene Kette mit Uhr, Ohrringe, Fingerringe für Frau und einige Töchter verschlingen viel, sehr viel Geld, und der ewige Wechsel der Moden verdoppelt und verdreifacht diese Ausgaben. Das Sprichwort: Große Gärten und große Töchter machen eine Bauernstelle arm, ist leider nur zu wahr. Und wozu diese Großthuerei? Der eine kann dem andern doch keinen Sand in die Augen streuen, dazu kennen sich alle in der Gemeinde viel zu gut und wissen auch viel zu genau Bescheid um die Verhältnisse eines jeden. Sieht man die Thorheit dieses Aufwandes ein, so entschuldigt man sich damit, man könne allein nicht zurückbleiben. Was einer allein nicht kann, das können mehrere zusammen. Es brauchen nur zehn der wohlhabendsten Frauen sich unter der Hand über eine vernünftige Kleiderordnung zu verständigen, dann ist allen geholfen. Auch ohne solche Vereinigung können die reichern mit dem Beispiele der Einfachheit vorangehen. Nicht tolle und bunte Kleider machen den Frauen und Töchtern Ehre, sondern verständige Führung des Haushaltes. Manche scheinen jedoch keine Ahnung davon zu haben, daß das Haushalten eine Kunst ist, durch welche man ohne zu knickern, mit wenigem viel ausrichten kann. So lange der Vorrath reicht, wird zu oft schonungslos zugegriffen, nachher muß das Fehlende pfundweise eingekauft werden; die althergebrachte gesunde Nahrung giebt man auf, dagegen wandert für Kaffee, Zucker und andere Colonialwaren ein Groschen nach dem andern in den Laden. Sollten die Bauerntöchter erst noch mehr in Pensionaten ausgebildet werden, statt daß sie unter der Anleitung einer tüchtigen Hausfrau den Haushalt gründlich lernen, so wird es schlimme Geschichten geben. Von der Milchwirthschaft und vom Füttern des Viehes verstehen sie dann nichts; feine Handarbeit können sie machen, haben aber keine Lust daran, alte Kleider zu flicken, bevor der Riß zu groß wird. Um die Künste der feineren Küche zu zeigen, werden dann Gesellschaften gegeben, die sogenannten Honoratioren eingeladen, ein Fest zieht das andere nach sich, dazu kommen noch Kirmeß, Schützenfest, Gesangfest, Thierschau, und so bummelt die Herrschaft umher, während das Gesinde sich daran gewöhnt, aufsichtslos im Hause zu schalten und zu walten."

In welchem Maaße die hier gerügte Verschwendung schon um sich gegriffen hat, können uusere Bauern Mütter und Väter am besten beurtheilen. Das läßt sich nicht bestreiten, daß heutigen Tages unsere Bauernfrauen und Töchter recht viel „Staat" machen und gekleidet gehen, wie die ersten Damen der Stadt. Auch sind in manchem Bauernhause ganz im Gegensatze zu der Einfachheit der früheren Zeit die Zimmer eben so fein und kostbar meublirt, als in der Wohnung eines reichen Bürgers in der Stadt. Wir wollen nicht hervorheben, wie viel Geld jetzt die Vergnügungen der Bauern kosten, wie mancher Thaler jetzt auf Jahrmärkten und Kirchmessen für Wein, oft den elendensten Krätzer, ausgegeben wird. Die Ausreden, die man aus dem Munde unverständiger Bauern zur Entschuldigung dieser Verschwendung mitunter hört, sind um sie mit einem nicht zu harten Ausdrucke zu bezeichnen, wahrhaft albern. Denn mögen sie auch die Mittel haben um solch' eine Verschwendung zu treiben, wer bürgt ihnen dafür, daß nicht auf diese guten Zeiten schlechtere folgen werden, für welche ein guter Hausvater bei Zeiten etwas zurücklegt? Und liegt nicht jedem Hofbesitzer die Pflicht ob, ein Abfindungscapital, wie wir es oben nannten, und dieses bis zur möglichsten Höhe anzusammeln? Wie dringend nothwendig dieses ist, wenn der Hof im Wohlstand und im Besitze der Familie bleiben soll, ist oben nachgewiesen. Kurz durch unsinnige Verschwendung sind schon viele Bauern arm geworden und kann noch mancher Bauernhof zu Grunde gehen. Und wie unglücklich sind dann die Söhne und namentlich die Töchter, wenn sie sich an allerlei Tand und Genüsse gewöhnt, nicht aber gelernt haben, thätig und arbeitsam zu sein? Liebe zur Arbeit ist noch immer das beste Capital, welches den Kindern mitgegeben werden kann. Wenn nun aber zu der Verschwendung noch eine schlechte Wirthschaft kommt, wie häufig der Fall ist, dann sind bald die Ausgaben größer, als die Einnahmen. Dieses führt von Selbst zum Borgen. Nichts ist aber gefährlicher, als in die Kaufläden zu gehen, dort flott zu kaufen, ohne gleich zu bezahlen. Ein solches leichtsinniges Borgen und sich Alles was dem Auge gefällt, aufschwätzen lassen, macht die Bauern arm und die Juden reich. Ein Bauer, welcher sich von Schulden frei erhalten will, sollte es sich zur festen Regel machen, Alles, was er kauft, sogleich zu bezahlen und nur das zu kaufen, was ganz unentbehrlich ist. Lieber noch nicht gekauft, als auf Borg genommen. Ganz besonders sind aber unsere Bauern zu warnen, daß sie nicht leichtsinnig Wechsel unterschreiben, womit sich schon so mancher von Haus und Hof verschrieben hat. Mag sich das jeder dreimal zu Herzen nehmen.

Kurz, der Bauer, welcher sich und seinen Kindern sein Gut erhalten will, möge um Gotteswillen sich nicht auf Schuldenmachen, Borgen und Wechselunterschreiben einlassen, möge nicht Luxus und Verschwendung lieben, sondern alle unnöthigen Ausgaben strenge vermeiden und so mit dem thätigen Fleiße eine wohl bemessene Sparsamkeit verbinden. Es ist wahrhaft unbegreiflich, wenn ein Bauer, der sich so sauer plagen muß, um etwas zu erwerben, nicht sparsam ist. Es wird wohl Jeder zugestehen müssen, daß man auch im Bauernstande nicht zu der Einfachheit der Vorfahren in der Lebensweise, Kleidung und in der Hauseinrichtung wird zurückkehren können. Denn diese kannten noch keine Ausgaben für Kaffee und Zucker, kauften nur einmal im Leben, nämlich zur Hochzeit, ein Kleid im Kaufladen und trugen sonst die von ihnen selbst verfertigten Kleider. Doch wird ebenso auch Jeder, der etwas Einsicht hat, einräumen müssen, daß der Luxus, wie er jetzt von unseren Bauernfamilien getrieben wird, der größte Feind des Wohlstandes ist und wenn er nicht bald eingeschränkt wird, zum Ruin der Höfe und des Bauernstandes führen muß. Haben nicht in andern Ländern die Bauern, eben weil sie in Schulden gerathen, ihre Höfe und ihre Selbstständigkeit verloren?

## §. 6.

Doch so sehr auch eine größere Sparsamkeit unserem Bauernstande nach vielen Seiten zu empfehlen ist, in einem Punkte herrscht eine zu große Kargheit, nämlich in den Ausgaben für die Ausbildung der Söhne. Denn es läßt sich gar nicht verkennen, daß der Grad von Bildung, wie ihn die jetzigen Verhältnisse auch für die Bauern erfordern, sich nicht im Bauernstande findet. Und wenn man erwägt, wie wenig für die Weiterbildung der Söhne geschieht, so ist dieses leicht erklärlich. Denn sobald diese aus der Schule entlassen sind, arbeiten sie auf dem Hofe mit; man freut sich, daß sich damit ein Knecht ersparen läßt. Es ist gewiß nicht zu tadeln, daß die Kinder gleich zur Arbeit herangezogen werden. Aber es ist unverantwortlich, wenn nicht dabei für ihre Fortbildung auch einigermaßen, wenigstens soviel es die Verhältnisse erlauben, gesorgt wird, wenn ihre Schulbildung mit der Entlassung aus der Schule gänzlich abgeschlossen bleibt. Die in der Schule gewonnenen Kenntnisse und Fertigkeiten gehen dann bald wieder verloren, ihr Verstand, ihre Urtheilskraft wird nicht weiter ausgebildet. Wenn unsere meistens guten Elementarschulen nicht mehr als früher leisteten, würden unsere Bauernsöhne meistens über das Maaß der Bildung der früheren Zeit nicht hinauskommen. Denn höchstens schicken einige einsichtige Bauern ihre Söhne nach Entlassung aus der Schule, aber meistens nur auf kurze Zeit, noch zu einem der Geistlichen oder einem Lehrer in der Nachbarschaft; sie noch weiter auf einer höheren Schule ausbilden zu lassen, das gehört schon zu den Seltenheiten. Im Allgemeinen herrscht bei unseren Bauern noch das Vorurtheil, daß, wenn ihre Söhne noch weiter eine Schule besuchten, diese eine über ihren Stand gehende Bildung bekämen, nur dünkelhaft würden und die Lust zur Arbeit verlören. Die „lateinischen" Bauern sind wahrhaft in Verruf und meistens mit Recht. Aber es liegt nicht an der Schule, wenn solche junge Leute Nichts lernen, sich nicht weiter ausbilden, nicht Lust zur Arbeit bekommen, sich später aber auf den Besuch der höheren Schule etwas einbilden, sich in aller Weise überheben und überhaupt wahre Taugenichtse sind. Der Grund davon liegt vielmehr in ihnen selbst, sie können sich nicht zu reger Thätigkeit erheben. Wäre ihre Natur nur eine andere gewesen, so hätten sie selbst auf der lateinischen Schule, obgleich ich nicht diese gerade den Bauern empfehlen möchte, noch viel für ihre Ausbildung gewinnen können. Doch jetzt giebt es überall gute Schulen in Menge, Privatinstitute, Bürgerschulen, Realschulen, so daß sich leicht eine Schule finden läßt, auf welcher auch ein Bauernsohn für seinen künftigen Beruf Nützliches und Rechtes lernen kann, wenn er nur die nöthige Begabung und Lust zum Lernen hat. Und ganz im Gegensatz jener haben viele andere Bauernsöhne die ersten Jahre nach dem Abgange aus der Elementarschule eine höhere Schule und zwar mit großem Nutzen besucht, arbeiten dann fleißig auf dem Acker mit und zeichnen sich aus durch ein bescheidenes Wesen, so daß man an ihnen sehen kann, daß echte Bildung nicht zu einer dünkelhaften Vornehmthuerei führt und Bildung und Arbeitsamkeit wohl vereinbar sind. Und wenn

2 *

die Erkenntniß, daß die Kinder in jetziger Zeit mehr lernen müſſen, ſich mehr und mehr Bahn gebrochen hat, wie können da unſere Bauern dieſes verkennen, ſie, die, ſeitdem ſie von den Gutsherrn frei und Eigenthümer ihrer Höfe geworden ſind, nun nicht mehr von Andern geſchützt und vertreten werden, ſondern ſich ſelbſt zu rathen und ſelbſt ihre Intereſſen wahrzunehmen haben. Die Verhältniſſe aber, wie ſie ſich in der heutigen Zeit geſtaltet haben, bringen es mit ſich, daß an ſie, und nicht allein an die Beſitzer größerer Höfe, ſondern auch an die mittleren und ſelbſt an die kleineren Bauern nicht ſelten Fragen herantreten, die für ſie und ihre Familie von großer Wichtigkeit ſind, nicht aber von ihnen in richtiger Weiſe ge= löſet werden können, wenn ſie nicht einigermaßen denken, abwägen, urtheilen gelernt haben. Es iſt ſchlimm, wenn ſie dann ſo unmün= dig, ſo unſelbſtſtändig ſind, daß ſie ſich ſelbſt gar nicht rathen, nicht für das eine oder andere entſcheiden können, ſondern lediglich auf den Rath eines Anderen hingewieſen ſind und dieſem blindlings fol= gen. Denn wie leicht fallen ſie in die unrechten Hände? Es iſt zwar gut, wenn man in ſchwierigen Lagen auch Andere, denen mehr Einſicht und dabei Redlichkeit zuzutrauen iſt, um ihre Meinung be= fragt, damit der Gegenſtand von verſchiedenen Seiten erwogen wird. Doch zuletzt muß man ſelbſt entſcheiden und ſich darüber klar wer= den, was das Beſte und Nützlichſte iſt. Und muß nicht, wie in den anderen Zweigen menſchlicher Thätigkeit, auch im Ackerbau und in den übrigen Theilen der Landwirthſchaft fortgeſchritten werden, oder ſoll hier Alles im alten Schlendrian fortgehen und will man jede Verbeſſerung von der Hand weiſen?

Um aber richtig ermeſſen zu können, ob und in wiefern eine neue Erfindung, ein in der landwirthſchaftlichen Zeitung oder ſonſt wo gemachter Vorſchlag für die beſonderen Verhältniſſe anwendbar iſt, darf es dem Bauer nicht an Verſtand und Urtheil fehlen, iſt ihm ein höherer Grad von Bildung zu wünſchen, als er jetzt mei= ſtens beſitzt. Denn das Neue, weil es neu iſt, ohne Weiteres ab= zuweiſen, iſt ebenſo unverſtändig, als ſich unbedachtſam in jede Neuerung hereinzuſtürzen. Nach Allem kann es nicht mehr zweifel= haft ſein, daß auch dem Bauer ein höherer Grad von Bildung Noth thut, ſelbſt wenn wir auch nicht mehr von ihm verlangen wollten, als daß er ſeinen Hof gut bewirthſchaftet. Aber er iſt nicht blos der Beſitzer und Bewirthſchafter eines Hofes, ſondern er gehört als ſolcher einer Kirchen=, Schul=, politiſchen Gemeinde, einem Kreiſe, dem Staate, dem norddeutſchen Bunde an und hat allen dieſen klei= neren und größeren Verbindungen gegenüber gewiſſe Rechte, aber auch Pflichten. Erstere werden meistentheils durch von ihnen selbst und für die ersteren Verbände aus ihrer eigenen Mitte gewählten Vertreter wahrgenommen.

Wie wichtig ist es daher nicht blos für den einzelnen Hofbesitzer, sondern auch für den ganzen Stand, wenn die Männer, welche gewählt werden, um die Rechte und Interessen ihrer Standesgenossen, in Angelegenheiten der Kirche und Schule, der Gemeinde und des Kreises, um von der weiteren Verbindung jetzt noch zu schweigen, wahrzunehmen, nämlich die Kirchen- und Schulrepräsentanten, die Gemeinderäthe und Kreisdeputirte mit Rechtschaffenheit recht viel Einsicht, Verstand und vor Allem ein selbstständiges Urtheil verbinden, so daß sie den vorliegenden Gegenstand klar auffassen und bald beurtheilen können, was nützlich, was schädlich, was am allerersten zur Ausführung zu bringen, was noch hinauszuschieben ist.? Sind diese von schwachem Verstande und unselbstständig, so lassen sie sich beeinflußen und von jedem Winde hin und her bewegen. Das ist eben so nachtheilig, als wenn die gewählten Vertreter nicht den Muth und die Kraft haben, mit Entschiedenheit und Festigkeit die in ihre Hand gelegten Interessen zu vertreten. Das Gesagte gilt in gleichem Maaße von denen, welche gewählt sind, um die Gemeinde bei der Aushebung und, was noch wichtiger ist, in der Commission für die Steuerumlage zu vertreten. Daß häufig nicht die rechten Männer gewählt werden, ist eine unbestreitbare Thatsache; fraglich ist nur, ob es mehr der Lauheit, Gleichgültigkeit, der geringen Theilnahme, die sich leider recht häufig bei solchen Wahlen zeigt, zuzuschreiben ist, oder ob es mehr daran liegt, daß sich Männer von jenen Eigenschaften noch nicht in hinreichender Anzahl unter den Bauern finden. Endlich, wie lange soll es noch so fortgehen, daß bei den Wahlen zum Abgeordneten-Hause und zum Reichstage die Bauern sich von der ersten besten Partei ins Schlepptau nehmen, am Gängelbande führen und sich den zu Wählenden dictiren lassen, als wenn sie selbst gar keinen Verstand und keinen Willen hätten. Diese Unselbstständigkeit wird fortdauern, so lange unser Bauernstand sich nicht eine größere Bildung aneignet. Eben so wird die zu hohe Besteuerung des Grundbesitzes und die zu geringe Vertretung der bäuerlichen Interessen nicht eher aufhören, als der Bauernstand tüchtige und zuverlässige Männer aus seiner eigenen Mitte zu Abgeordneten wählen kann. Denn diese wissen am besten, wo den Bauern der Schuh drückt, diese sind unabhängig, nehmen nicht ein Mandat an, um selbst zu steigen, sondern haben noch am meisten ein Herz für den Bauernstand. Doch dieses wird dann erst möglich werden, wenn im Bauern-

stande selbst sich in größerer Zahl Männer finden, von den Kenntnissen und der Bildung, die ein Abgeordneter besitzen muß, um wirken
zu können.

Kurz, wohin wir auch unsere Blicke wenden mögen, überall
zeigt sich die Nothwendigkeit, daß unsere Bauern, um der Stellung,
die sie jetzt einnehmen, nach allen Seiten gerecht werden zu können,
mehr nach Bildung streben, mehr als bisher für die Ausbildung
ihrer Söhne thun müssen. Es ist nicht genug, daß die Kinder zur
Schule geschickt und nicht zur Arbeit zurückgehalten werden. Die
Eltern müssen auch auf alle Weise mitsorgen, daß die Kinder in der
Schule Alles, was sie dort lernen können, Lesen, Schreiben, Rechnen,
möglichst gut und vollständig lernen und ihre geistigen Anlagen ge-
weckt, geübt und ausgebildet werden. Und sie können auch dazu
viel mitwirken, wenn sie den Kindern zeigen, welch großes Gewicht
sie auf ihre Ausbildung legen, ihre Arbeiten, sofern sie dieses können,
nachsehen, ihre Fortschritte überwachen, sie zum Fleiße anhalten
und so den Lehrer unterstützen. Wenn die Eltern ein lebhaftes Interesse für die Schule haben, so werden sie auch die größeren Ausgaben und Kosten nicht scheuen, wo ein Lehrer in seinem Einkommen
zu verbessern, oder ein altersschwacher zu pensioniren, oder ein
lässiger durch eine frische Kraft zu ersetzen ist. Hier ist Knickerei
nicht angebracht; denn ein Lehrer, dessen Kräfte im Dienste der Schule
aufgerieben sind, ist mit einer genügenden Pension in Ruhestand zu
setzen, und ein Lehrer, der in der Schule tüchtig wirken soll, muß
sorgenfrei gestellt sein.

Doch noch wichtiger und nothwendiger ist, dafür zu sorgen,
daß, nachdem die Kinder mit einer guten Elementarbildung aus der
Schule entlassen sind, nicht ihre Fortbildung gänzlich unterbleibt.
Dafür ward aber im Bauernstande bisher so gut wie Nichts gethan,
wie ich schon oben angedeutet habe. Dagegen, wie viel geschieht nicht
in den Gesellen-Vereinen für die Fortbildung der jungen Handwerker?
Bei dem Bauernstande liegt aber dieses Feld noch vollständig brach;
unsere Bauern begreifen noch nicht die Wichtigkeit der Fortbildung.
Ich muß deßhalb rathen, dafür zu sorgen, daß in jeder Gemeinde wenigstens für die Winter-Monate eine Fortbildungsschule
errichtet werde. Schwierigkeiten wird es nicht haben. Denn
in jeder Gemeinde findet sich wohl ein Geistlicher oder ein Lehrer,
der, wenn er nur für seine Mühe entschädigt wird, sich der Arbeit
unterzieht, an einigen Tagen der Woche oder auch nur an dem freien
Spieltage, wenn der Lehrer den Unterricht unternimmt, die aus der
Schule entlassenen jungen Bauernsöhne in zwei bis drei Stunden

weiter zu bilden. Den wohlhabenden Bauern und den Besitzern
größerer Höfe kann es aber nicht dringend genug empfohlen werden,
dann noch einige Jahre ihre Söhne eine gute Ackerbauschule besuchen
zu lassen. Dort haben sie Gelegenheit, sich viele nützliche Kenntnisse
anzueignen, die sie später zu einer besseren Bewirthschaftung des
Gutes verwerthen können; dort wird auch ihr Denkvermögen
weiter ausgebildet, so daß sie nicht so unbeholfen und so unmündig
bleiben, sondern zu einer größeren Gewandtheit und Selbstständigkeit
gelangen. Die Kosten und Ausgaben, die dadurch entstehen, können
nicht in Betracht kommen. Denn kein Capital trägt höhere Zinsen,
als dieses, welches verwandt wird, um den Söhnen eine größere
Ausbildung zu geben. Es wäre somit in der That unverantwortlich
und namentlich die Besitzer größerer Höfe würde ein schwerer Vorwurf treffen, wenn sie die gute Gelegenheit, welche ihnen durch die
im vorigen Herbste in Lüdinghausen gegründete und mit tüchtigen
Lehrern besetzte Ackerbau=Schule geboten wird, nicht benutzen wollten.
Sie würden dadurch beweisen, daß sie für ihre wichtigsten Interessen
noch kein Verständniß haben. Aber selbst die Bauernsöhne, die eine
Ackerbau=Schule besucht haben, dürfen nach dem Abgange von derselben ihre Fortbildung nicht ruhen lassen, sondern müssen sie mit
allem Eifer fortsetzen und sich daher stets in Verbindung und Verkehr
halten mit einigen ihrer Mitschüler, besonders mit denen, die sie als gute
und strebsame und junge Männer dort haben kennen lernen. Vor Allem
möchte ich ihnen empfehlen ein Mittel, welches bisher im Bauernstande noch viel zu wenig für die Fortbildung benutzt wird, ich meine
die Lectüre von landwirthschaftlichen Zeitungen und sonstigen be-
lehrenden Schriften über die einzelnen Zweige der Landwirthschaft,
über gemachte Erfahrungen und Verbesserungsvorschläge, über Gefahren, die den Bauernstand bedrohen und die Mittel, diesen zu begegnen. Dieses Mittel der Lectüre können alle, auch die, welche
keine Ackerbau=Schule besucht haben, benutzen, und es ist zu beklagen,
daß es nicht mehr benutzt wird. Denn wie viele Zeit wird nicht
besonders an den langen Winter=Abenden und an den Sonntags=
Nachmittagen, um es gerade heraus zu sagen, vertrödelt? Noch giebt
es ein Buch, welches voll der nützlichsten Lehren, Ermahnungen und
Warnungen ist, welches allen, auch denen, welche die anderen Mittel
zu ihrer Fortbildung nicht benutzen können, den reichsten, stets vor
Augen liegenden Stoff zum Nachdenken bietet; es ist dieses das stets
offenliegende Buch des Lebens, welches hier auf einen dummen
Bauern, der sich übertölpern läßt, dort auf einen klugen, der sich nicht
überlisten läßt, hier auf einen trägen Bauern, der schlecht wirthschaf-

tet, dort auf einen fleißigen, der emporkommt, hier auf einen leicht=
finnigen, der fich felbft zu Grunde richtet, dort auf einen ernften, in
Erfüllung feiner Pflichten getreuen, der fich von den verderblichen Laftern
fern hält, hinweifet. Die Folgen der Genußfucht, des Trinkens und
Kartenfpielens, der Ausfchweifung, der Verfchwendung, eines über=
mäßigen Luxus, des leichtfinnigen Borgens, und auf der anderen
Seite eines chriftlichen Lebenswandels, der guten Erziehung der
Kinder, der Enthaltfamkeit, der geregelten unverdroffenen Thätigkeit
und der Sparfamkeit in der Wirthfchaft, treten in fo beftimmten, bald
abfchreckenden, bald ermunternden Beifpielen, ich möchte fagen, in fo
leibhaftigen Geftalten hervor, daß, um bei dem Bilde zu bleiben, die
Lectüre in dem Buche des Lebens, für jeden, der nur mit einiger
Aufmerkfamkeit die Erfcheinungen um fich her beobachtet, von fehr
großem Nutzen fein wird. Endlich läßt fich die Fortbildung durch
Befprechung mit einfichtigen Standesgenoffen fördern. Doch wir
wollen diefen Punkt nicht weiter ausführen, indem wir fürchten
müffen, ohnehin fchon zu ausführlich geworden zu fein. Aber die
größere Ausführlichkeit möge in etwa darin Entfchuldigung finden,
daß die Erftrebung einer größeren Bildung für den Bauernftand
eben fo wichtig, als nothwendig ift.


## §. 7.


Neben diefem Mangel an Bildung befteht im Bauernftande
noch ein anderer Mangel, nämlich der an Verbindung. Unfere
Bauern, namentlich im Münfterlande, wo fie nicht in Dörfern zu=
fammen, fondern auf den meiftens getrennt liegenden Höfen einzeln
wohnen, leben zu fehr gefchieden, verkehren zu wenig miteinander,
berathen und befprechen fich kaum, felbft wenn fie wichtige Angele=
genheiten, z. B. Wahlen vorzunehmen haben. Daher handelt dann
der Einzelne, wie es der Zufall giebt, nicht nach gemeinfamer Ueber=
legung, nicht nach vorher gefaßtem Befchluffe. Zu einem gemeinfamen
Handeln kann es bei diefer Getrenntheit felten kommen. Vielmehr
entftehen unter ihnen, eben weil fie fo wenig unter einander ver=
bunden find, und fich gegenfeitig zu wenig kennen, nur zu leicht und
zu oft allerlei kleine Mißhelligkeiten, Eiferfüchteleien, Zerwürfniffe,
Mißverftändniffe, die bei engerer Verbindung entweder gar nicht auf=
kommen, oder doch bald gehoben werden können, jetzt aber das unter
ihnen herrfchende Mißtrauen noch vergrößern, oft in bittere Feind=

: schaft ausarten, Jahre lang fortbestehen und so sie noch mehr schei-
den und trennen. In Folge dieser losen Verbindung, oder, richtiger
gesagt, Geschiedenheit, steht der Bauernstand seinen Feinden gegenüber wehr- und machtlos da, zeigt sich bei öffentlichem Auftreten
schwach und ohnmächtig, ist nicht selten der Spielball einer Partei,
wenn diese nur in sich gut organisirt ist, kann keinen Einfluß und
keine Macht geltend machen, kann sogar nicht einmal seine eigenen
Interessen wahrnehmen. Die Fabrikarbeiter, die Bergleute, die Handwerker, kurz alle übrigen Stände schaaren sich in unserer Zeit zur
gemeinsamen Vertretung ihrer Interessen und zur gemeinsamen Abwehr der sie bedrohenden Gefahren in Vereinen zusammen. Nur die
Bauern leben noch in der bisherigen Getrenntheit fort, sie allein
scheinen noch nicht begriffen zu haben, wie der Mangel an Verbindung untereinander sie in der Schwäche hält, wie sehr Vereinigung
ihnen Noth thut und diese sie stark machen würde. Denn erst an
wenigen Orten haben die Bauern unter sich eine Genossenschaft geschlossen, so 1862 durch die Bemühungen des Freiherrn von Schorlemer-Alst im Kreise Steinfurt, 1868 auf Betreiben des Herrn
Breucker zu Westerholt, und in der allerneuesten Zeit zu Watten-
scheidt und zu Stoppenberg im Kreise Essen. Die drei letztgenannten
Orte liegen nahe oder in Gegenden, wo durch die Industrie der
Bauernstand am meisten bedroht und zur Vereinigung getrieben wird.

Im Allgemeinen wird die Wichtigkeit eines Bauern-Vereins noch
nicht erkannt, und das Bedürfniß, einen solchen zu gründen, noch
zu wenig gefühlt. Beweis dafür ist, daß die angeführten Vorgänge
noch so wenig Nachahmung gefunden haben. Und doch muß die
Wahrheit: „Vereinigung macht stark,“ auch in anderen Gegenden
den Bauern in die Augen springen, überall, auch in den Landgemeinden, wo noch die Verhältnisse ziemlich unverändert geblieben sind,
kommen Fälle vor, welche die Gründung eines Bauern-Vereins leb-
haft wünschen lassen. Denn hier möchte ein Bauer gern für seinen
Sohn einen Bauernhof, der zum Verkauf kommt, ankaufen, er muß
aber das Vorhaben aufgeben, weil er trotz aller Mühe die zum An-
kaufe erforderlichen Gelder nicht beschaffen kann. Wäre nun in dieser Gemeinde bereits ein Bauernverein gegründet, dann würde ihm
dieser schon helfen, schon mitsorgen, daß er das noch fehlende Capital entweder aus der Hülfscasse des Vereins, oder wo diese noch
nicht besteht, von wohlhabenden Vereinsgenossen auf die eine oder
andere Weise bekommt. Dort wird einem Bauer ein Capital gekündigt; wäre nun in seiner Gemeinde ein Bauernverein und er
ein Mitglied desselben, dann wäre er nicht genöthigt, wiederholt und

wiederholt in die nächste Stadt zu gehen und dort Tage lang herum-
zulaufen, um das Capital wieder geliehen zu bekommen und hätte
dann nicht zuletzt noch einem Agenten eine hohe Provision zu zahlen. In einer anderen Gemeinde wünscht ein Bauer, um seine Besitzungen mehr abzurunden, Grundstücke mit seinem Nachbar auszu-
tauschen, dieser will aber auf seine Vorschläge nicht eingehen;
bestände ein Bauernverein in dieser Gemeinde, so würde dieser ver-
mittelnd eintreten und eine Vereinbarung zu Stande bringen können.

Dort in einer Gemeinde würden mehrere Bauernhöfe durch
Ent- oder Bewässerungsanlagen bedeutend verbessert werden können,
diese müßten aber durch die Grundbesitzungen mehrerer fortgeführt
und nach einem gemeinsamen Plane gemacht werden. Nun ist aber
der eine oder andere der dabei betheiligten Besitzer etwas eigensinnig
oder widerhaarig, viele Jahre wird schon daran gearbeitet, diesen
zum Beitritte zu bestimmen. Wäre in dieser Gemeinde ein Bauernverein gegründet, dann würde dieser bald alle Hindernisse, die bisher die Ausführung dieser Anlagen aufgehalten haben, beseitigen.
Ferner stirbt in einer Gemeinde ein Hofbesitzer, ohne über die Erbfolge und die Abfindungen Bestimmungen gemacht zu haben, und
entstehen alsdann, wie so häufig der Fall ist, Streitigkeiten unter
den hinterlassenen Erben, dann kann der beste Nachbar oder der un-
eigennützigste Verwandte, wenn er auch Alles aufbietet, doch oft keine
gütliche Auseinandersetzung zu Stande bringen. Nur der Bauernverein würde in einem solchen Falle mit der höhern Auctorität und
der größeren Macht, die ihm die Vereinigung giebt, eine Ausgleichung herbeiführen und den Verkauf des Gutes abwenden können.
Hier findet sich ein Bauer, der sich wenig bemüht, ein Abfindungscapital anzusammeln; dort könnte ein großer Schulze für einen seiner
Söhne ohne große Schwierigkeiten auf dem eigenen Hofe eine neue
Niederlassung gründen. Bestände nun ein Bauernverein, so könnte
dieser dem ersteren den nöthigen Sporn geben und dem zweiten über
seine Vorurtheile hinweghelfen.

Noch viele andere Fälle ließen sich anführen, um zu zeigen, wie
wichtig, ja wie nothwendig für die materiellen Interessen des einzelnen Bauern, wie des ganzen Standes die baldige Gründung eines
Bauernvereins ist,

Aber noch giebt es wichtigere Interessen, höhere Güter auch für
den Bauernstand, Güter, die sein innerstes Leben berühren und seine
Erhaltung bedingen. Das sind die alte treue Anhänglichkeit an seiner
Religion und Kirche und der darauf gegründete fromme Sinn, die
alte Einfachheit und Wahrheit seines Wesens, die unverdrossene Thä-

tigkeit. Und doch deuten schon vielfache Anzeichen darauf hin, daß diese alten Säulen beginnen zu wanken. Die Bauernsöhne werden durch den Dienst im Heere an Pünktlichkeit, Ordnung und Gehorsam gewöhnt, lernen aber auch neue Genüsse und Laster kennen und bringen aus dem Leben in den großen Städten vielfach freiere Anschauungen, laxere Sitten und Unlust zur Arbeit mit. Die Zeitrichtung geht dahin, alle Fesseln, welche die Thätigkeit des Einzelnen hemmen, zu lösen und jedem einen freieren Spielraum zu gewähren. Diese freiere Gestaltung aller Verhältnisse ist bei rechtem Gebrauch ein Segen für die Gesellschaft, kann aber auch beim Mißbrauche die Macht der Auctorität und der guten Ordnung noch mehr zerstören und zur Losgebundenheit und Zügellosigkeit führen. Kein Trieb ist mächtiger als der Nachahmungstrieb. Die Nachahmungssucht macht den Bauer in Lebensweise, Hauseinrichtung und Kleidung immer mehr zum Städter, zerstört damit mehr und mehr bei der ländlichen Bevölkerung die frühere Einfachheit und Nüchternheit, führt bei ihr eine städtische Vergnügungssucht, Verschwendung und Luxus ein und entwurzelt die früheren guten Grundsätze. Eine natürliche Folge von allem diesem ist, daß die frühere Arbeitsamkeit, Sparsamkeit, Genügsamkeit, die frühere sittliche Kraft auch mehr und mehr aus dem Bauernstande entweichen. Diesem Strome des Verderbens, der von den drei erwähnten Seiten mächtige Zuflüsse erhält, kann der Einzelne nicht widerstehen, er wird mit fortgerissen. Nur die Vereinigung macht den Bauernstand stark, dieser mächtigen Fluth einen festen Damm entgegenzusetzen; nur mit vereinten Kräften können die Bauern die einbrechenden Laster abwehren und sich ihre guten Sitten und Tugenden, die Fundamente, die bisher dem Bauernstande sein Bestehen sicherten, auch ferner erhalten. Also auch in dieser Beziehung liegt für den Bauernstand ein dringendes Bedürfniß vor, baldigst einen Bauernverein zu gründen. Aber ein nicht weniger mächtiger Feind droht von Außen, das Capital. Es mag wirklich der Fall sein, daß die Capitalisten bei den vielen guten Gelegenheiten, ihr Geld zu hohem Zinsertrage und ohne große Gefahr des Verlustes in Eisenbahn-Actien und Industrie-Unternehmungen anbringen zu können, jetzt weniger als früher mit demselben Grundbesitz ankaufen. Aber immer, selbst in ruhigen Zeiten, bleibt diese Art, das Capital anzulegen, mit einiger Gefahr verbunden und in Zeiten, wo ein Krieg auszubrechen droht, oder eine Geldkrisis eintritt, kann diese Gefahr so steigen, daß die Geldmänner keine Nacht mehr ruhig schlafen können und nicht vor großen Verlusten bewahrt bleiben. Die sicherste und am wenigsten sorgenmachende Capital-Anlage ist und bleibt der Grundbesitz. Daher steht zu erwarten, daß auch ferner, wenn ein schönes Bauerngut zum Verkauf kommt, dieses dem Capitalisten zufällt, wenn nicht dagegen Vorkehrungen getroffen werden. Zu den Capitalisten namentlich in Westfalen gehört der Adel, der durch die Ablöse in den Besitz von vielen Capitalien gekommen ist und diese noch alle Jahre aus den Revenüen-Ueberschüssen vermehrt. Von seinem Standpunkte aus kann man es ihm nicht verargen, daß er seine disponibeln Capitalien zu Grundankäufen vorzugsweise verwendet und durch die angekauften Grundbesitzungen entweder seine Fideicommissen erweitert, oder den nachgebornen Söhnen ein neues, festes Besitzthum verschafft. Aber vom Standpunkte des Bauernstandes die Sache betrachtet, ist es sehr zu beklagen, wenn der Adel gleich dem Capitalisten immer mehr Bauerngüter an sich reißt. Denn nichts bedroht mehr die Selbstständigkeit des Bauernstandes, als wenn ein Colonat nach dem andern ihm verloren geht.

Dieses kann, wenn auch nicht in allen Fällen, doch mehr als bisher verhütet werden, wenn in jeder Gemeinde die Bauern in einem Vereine sich enger aneinanderschließen und gemeinsam ihrem mächtigen Feinde, dem Capitale, entgegenwirken. Wenn dieses schon früher geschehen wäre, dann wären manche Bauernhöfe besonders in der Nähe von Städten und adlichen Schlössern noch Bauerneigenthum geblieben und nicht für alle Zeit für den Bauernstand verloren gegangen. Daraus mögen alle Bauern eine dringende Veranlassung entnehmen, mit der Gründung eines Bauernvereins nicht länger zu säumen. Noch andere Erwägungen führen eben dahin. Es ist zwar nicht zu verkennen, daß unsere Bauern sich durch schwierige Verhältnisse hindurch gearbeitet haben und wir ihrer Kraft und Zähigkeit hauptsächlich das Bestehen des Bauernstandes in Westfalen, so weit er noch erhalten ist, zu verdanken haben. Aber eben so unbestreitbar und wahr ist es, daß eben die Geschiedenheit, worin sie sich befanden, sie gehindert hat, eine größere Kraft zu entwickeln, eine größere Macht und einen größeren Einfluß geltend zu machen. Wenn auf den Versammlungen des Bauernvereins sie sich die gemachten Erfahrungen mittheilen, sich über vorgeschlagene Verbesserungen berathen und sich gegenseitig dazu anregen, dann erst läßt sich hoffen, daß die Güter besser bewirthschaftet und größere Fortschritte in allen Theilen der Landwirthschaft gemacht werden. Dann wird das gedankenlose Fortgehen in dem bisherigen Geleise mehr aufhören und eine größere Bildung sich im Bauernstande verbreiten. Größere Bildung führt aber, besonders wenn sie rechter Art ist, zu größerem Wohlstande. Dieser wird erst recht gehoben, wenn die

Bauern, durch einen Verein enge verbunden, sich gegenseitig beistehen und bei nützlichen Unternehmungen unterstützen. Aber am deutlichsten zeigten sich die Nachtheile der bisherigen Geschiedenheit bei den Wahlen. Erst wenn die Bauern in jeder Gemeinde unter sich einen Verein gegründet haben und dann, wenn wichtige Wahlen vorzunehmen sind, sich vorher berathen, werden sie gemeinsam handeln und den, welchen sie für den besten halten, mehr als bisher durchsetzen können. Nur in dem einigen Zusammenwirken liegt alle Stärke, in der Getrenntheit Schwäche.

So mögen denn recht bald in allen Gemeinden auf das Losungswort: „Vereinigung macht stark" Bauernvereine erstehen und diese dann in dem Anschluße an die benachbarten Vereine eine mächtige Verstärkung finden. Dadurch wird der Bauernstand sich zu neuer Kraft erheben und bei allen Gefahren, die seinen Fortbestand bedrohen, bestehen können. Wenn aber unsere Bauern in der bisherigen Lässigkeit, Gleichgültigkeit und Unthätigkeit für ihre gemeinsamen Angelegenheiten fortleben, werden sie nimmer die Kraft gewinnen, die erforderlich ist, um selbstthätig ihre Interressen wahrnehmen, um die sittlichen und materiellen Grundlagen ihres Fortbestandes erhalten und allen Gefahren widerstehen zu können. Diese Kraft gibt ihnen nur die Vereinigung; ohne Vereinigung bleiben auch alle Wünsche auf Selbstverwaltung ihrer Gemeinde-Angelegenheiten und auf einen größeren Einfluß bei der Wahl der Vorsteher und Verwaltungsbeamten eitel und machtlos. Um die Errichtung eines Bauernvereins zu erleichtern, habe ich unter Benutzung der von Breucker und vom Freiherrn von Schorlemer-Alst in ihren oben genannten Schriften mitgetheilten Statuten ein möglichst einfach gehaltenes Statut für einen Bauernverein entworfen und lasse diesen Entwurf in Anhang I abdrucken.

## §. 8.

Es ist nicht zu läugnen, daß der Bauernverein auch ohne eine Kasse schon recht Viel, wenn nur der Geist der Gemeinsamkeit, mehr als bisher, alle Mitglieder durchdringt, leisten kann. Aber zum thätigen Handeln kann er erst recht übergehen und seinen Willen zur That machen, wenn eine Kasse die Mittel dazu bereit stellt. Erst, wenn eine Kasse gegründet ist, wird der Bauernverein recht wirksam die materiellen Interessen und den Wohlstand seiner Vereinsglieder fördern und in allen Fällen ihnen helfen können. Es giebt zwar jetzt städtische Sparkassen, auch in manchen Kreisen Kreissparkassen; und doch legt mancher Bauer noch immer lieber den ersparten Thaler in die Kiste, als daß er ihn in eine Sparkasse brächte. Den einen hält diese, den andern jene Rücksicht davon zurück, in vielen Fällen ist es die Furcht, er möchte in der Steuer erhöhet werden, da es alsdann bekannt würde, daß er Capitalien habe. Es ist demnach zu wünschen, daß eine Bauernkasse geschaffen werde, worin der Bauer zu jeder Zeit seine auch kleinen Ersparnisse anlegen könnte, ohne daß er zu befürchten hätte, daß seine Vermögensverhältnisse weiter bekannt werden, als etwa einigen wenigen seiner Standesgenossen. Die jetzt in den Städten und in den Kreisen bestehenden Sparkassen geben $3\frac{1}{3}\%$ oder $3\frac{1}{2}\%$, und in industriellen Gegenden $4\%$ Zinsen. Bei dieser geringen Zinsvergütung bringen sie den Städten und Kreisen oft nicht unbedeutende Ueberschüße. Die Bauernkasse müßte unbedingt $4\%$ Zinsen geben; sonst würde sie den Zweck, dem Bauer eine Gelegenheit zu bieten, jeder Zeit sein Geld gegen gute Zinsen anlegen zu können, verfehlen Die Mittel, um den Kassenverwalter zu besolden und um die übrigen Ausgaben der Verwaltung zu bestreiten, müßten also anderswoher genommen werden. Darüber weiter unten. Bei einer Verzinsung mit $4\%$ würden somit den Bauern selbst die Vortheile einer solchen Kasse zugewandt werden. Der Hauptvortheil, den eine solche Kasse den Bauern bringen würde, besteht aber darin, daß sie das Sparen bei ihnen befördern würde. Denn dazu würde sie anspornen die Freude, welche es gewährt, wenn sie ihre Ersparnisse immer anwachsen sehen. Auf diese Weise ließe sich auch am Leichtesten ein Kapital zur Abfindung für die abgehenden Kinder ansammeln. Dieses ist aber eine so wichtige Sache, daß dieserhalb allein schon eine Bauernkasse zu gründen ist. Diese unter Garantie der Bauern selbst bestehende Kasse würde aber eine Sicherheit für eine Capital-Anlage gewähren, wie sie kaum größer bei einer städtischen oder Kreissparkasse zu erreichen ist. Aber diese Bauernkasse würde nicht blos eine Sparkasse für die Bauern sein, sondern zugleich eine Darlehns- und Creditboden-Kasse sein können. Jeder Bauer, dem ein auf seinen Gute stehendes Capital gekündigt ist, müßte dieses aus der Bauernkasse wieder geliehen erhalten können und zwar, ohne daß er große Unkosten hätte. Damit würden die großen Schwierigkeiten, die es jetzt nicht selten hat, ein Capital wieder zu bekommen, wegfallen, auch wären dann nicht die vielen Thaler zu bezahlen, die jetzt der, welcher ein Capital dem Bauer verschafft, für seine Bemühungen in Anspruch nimmt. Eine solche Bauernkasse müßte jedem Bauer, welcher eines Capitals benöthigt ist, helfen, wenigstens bis zu einem gewissen Grade. Aus dieser müßte der, welcher für seinen zweiten oder dritten Sohn ein zum Verkauf kommendes Bauergut ankaufen möchte, das dazu nöthige Capital, soweit er es nicht selbst zusammen bringen kann, erhalten können. Diese Kasse müßte dem, welcher eine bedeutende Verbesserung vorzunehmen beabsichtigt, den nöthigen Vorschuß geben, auch dem, welcher von einen Unglücke heimgesucht wird, eine Beihülfe gewähren. Man sagt wohl und gewiß mit Recht, daß das Capital, worüber die Capitalisten in den Städten und der Adel gebietet, am meisten die Selbstständigkeit des Bauernstandes bedroht. Nun es giebt kein besseres Mittel, um diesem mächtigen Feinde zu begegnen, als wenn der Bauernstand selbst eine Bauernkasse und damit einigermaßen das Capital in seiner eigenen Mitte und in eigenem Besitze hat. Und wenn sehr wichtige Gründe die Bauern dahin führen, daß sie sich in Vereinen zusammen verbinden, so erhalten die Bauernvereine erst damit ihre rechte Wirksamkeit, wenn sie eine Bauernkasse unter sich gegründet haben. Denn durch eine Bauernkasse erhält der Bauernverein erst recht ein festes und dauerhaftes Bestehen. Auch läßt sich später eine solche Bauernkasse dahin erweitern, daß bei ihr die Feldfrüchte gegen Hagelschlag und die Gebäude gegen Brandschaden versichert werden können. Ist dieses erst möglich gemacht, dann haben die Bauern nicht mehr die großen Prämien an die jetzigen Feuer- und Hagel-Assecuranzgesellschaften zu zahlen.

Kurz, von allen Seiten bietet die Bauernkasse dem Bauernstande große und erhebliche Vortheile. Auch ist die Gründung und Erhaltung einer solchen Bauernkasse nicht schwierig, wenigstens nicht, wenn die Bauern dafür ein lebhaftes Interesse gewinnen und sich dieses bewahren. Das zu allererst zur Gründung einer Bauernkasse Nothwendige ist, daß die Bauern unter sich einen Bauern-Verein bilden, und daß dann die einzelnen Bauernvereine zu einer größeren Verbindung zusammen treten. Ist eine solche größere Vereinigung erst zu Stande gebracht, dann kann die Errichtung einer Bauernkasse in Angriff genommen werden. Eine feststehende Bedingung müßte dann sein, daß kein Bauer in dieselbe eine Einlage machen und aus derselben ein Darlehn oder einen Vorschuß erhalten kann, der nicht jährlich einen Thaler Beitrag zu dieser Kasse zahlt. Die Besoldung für den Director zu 200 Thaler, für den Rendanten zu 400 Thaler, für den Controlleur zu 100 und die sonstigen Kosten der Kassenverwaltung zu 100 Thaler angenommen, würden 800 Mitglieder die Ausgaben für die Bauernkasse decken. Würden noch mehr als 800 Mitglieder beigetreten sein, so würde die Bauernkasse zu demselben Zinsfuße, welchen sie selbst giebt, Capitalien wieder ausleihen und bald schon auf die Bildung eines Reserve- oder Hülfsfonds Bedacht nehmen können. Jedes Mitglied müßte bei seinem Eintritte eine von dem Orts=Bauernvereine aufgestellte und von dem Vor=stande desselben beglaubigte Taxe seines Gutes vorlegen und bis auf ²/₃ dieses Taxwerthes Capitalien geliehen erhalten können. Regel müßte es sein, daß die Bauernkasse nur auf solche Bauerngüter Capitalien ausleihet, die von anderen Capitalschulden frei sind, so daß die Bauernkasse der einzige Gläubiger ist. Damit ist selbst=verständlich wohl vereinbarlich, auch in dem Falle Capitalien herzu=geben, wenn mit diesen die anderweitigen Schulden abgetragen werden sollen.

Man spricht soviel von der Macht und Nothwendigkeit der Selbsthülfe; überallher hört man den Zuruf: „Hilf dir selbst, dann wird dir Gott helfen." Aber wie wenig wird mit Ernst daran ge=dacht, von diesem so sehr angepriesenen Mittel wirklich Gebrauch zu machen! Durch die Gründung einer Bauernkasse würde der Bauern=stand entschieden den Weg der Selbsthülfe betreten. Daher ist die Einrichtung einer solchen Kasse eine Angelegenheit, die nicht dringend genug empfohlen werden kann. Einen Entwurf zu einem Statut für eine Bauernkasse fügen wir im Anhange II bei.

So mögen denn unsere westfälischen Bauern die ihnen durch die Zeit gestellte Aufgabe mehr und mehr begreifen, in jedem Amts=bezirke wenigstens durch einen Verein sich zu gemeinschaftlicher Thätig=keit verbinden, eine gemeinsame Bauernkasse gründen und dann mit vereinten Kräften dahin wirken, daß die Grundpfeiler ihres bisherigen Bestehens Gottesfurcht, Fleiß, Sparsamkeit bei ihnen nicht wanken, Genußsucht, Verweichlichung und Luxus nicht weiter um sich greifen, rechte Bildung und Einsicht sich weiter verbreiten, Gemeinsinn und Zusammenwirken mehr alle durchdringe, die Bewirthschaftung des Guts und der Wohlstand sich überall hebe und auf diese Weise Kindern und Kindeskindern der Hof, wie dem ganzen Stande die ge=bührende Macht und Selbstständigkeit erhalten bleibe. Das gebe Gott!

Es wird mir eine große Befriedigung gewähren, wenn ich durch diese Schrift etwas zur Erhaltung eines freien, selbstständigen und kräftigen Bauernstandes in meiner Heimath beigetragen habe.

Münster im Monat Juni 1870.

**Dr. Th. Tophoff,**
Gymnasialdirector a. D.

# Anhang.

## I.

### Entwurf eines Statuts für einen Bauernverein.

#### §. 1.

##### Zweck des Vereins.

Die unter dem Namen: Bauernverein zu N. errichtete genossen-schaftliche Verbindung bezweckt im Allgemeinen die Erhaltung eines kräftigen und selbstständigen Bauernstandes und macht es sich daher im Besonderen zur Aufgabe, soweit als möglich im Bauernstande religiösen Sinn, Arbeitsamkeit und Sparsamkeit zu erhalten und zu pflegen, Leichtsinn, Vergnügungssucht und Luxus zu bekämpfen und fernzuhalten, Bildung und Gemeinsinn zu verbreiten, den Wohlstand zu heben und eine thätigere Förderung aller gemeinsamen Interessen, wie eine entschiedenere Wahrnehmung aller Rechte herbeizuführen.

#### §. 2.

##### Mitglieder.

Als Mitglied des Vereins kann jeder aufgenommen werden, welcher in der Gemeinde-Rolle als Eigenthümer eines größeren (Pferde-) Kottens, Colonats, Schulzenhofes aufgeführt ist und dieses sein Gut selbst bewirthschaftet. Eigenthümer von kleineren Kotten, sowie Pächter können nur Mitglieder werden, wenn zehn Mitglieder des Vereins ihre Wahl beantragen und drei Viertel aller Vereins-genossen für sie stimmen. In gleicher Weise können auch solche, die zwar keinen Grundbesitz haben, aber nach ihren Kenntnissen und ihrer Gesinnung besonders geeignet sind, die Zwecke des Vereins zu fördern, als Ehrenmitglieder mit vollem Stimmrechte aufgenommen werden.

3

Der Besitz der bürgerlichen Ehrenrechte ist bei Allen eine nothwendige Bedingung der Aufnahme und der Verlust derselben hebt
jede Mitgliedschaft auf. Söhne von Mitgliedern können, wenn sie
das sechszehnte Lebensjahr erreicht haben und sich tadellos führen,
den Versammlungen des Vereins ohne Stimmrecht beiwohnen.

## §. 3.
### Pflichten der Mitglieder.

Mit der Aufnahme übernimmt jedes Mitglied folgende Ver-
pflichtungen:

1. sich selbst eines christlichen Lebenswandels zu befleißigen und alle
   Pflichten, die ihm als katholischen oder evangelischen Christen
   obliegen, besonders die Erziehung der Kinder, gewissenhaft zu
   erfüllen, wie auch auf ein christliches, sittlich gutes Leben unter
   den Vereinsgenossen hinzuwirken.

2. Verständig, thätig und sparsam selbst zu wirthschaften und
   mitzusorgen, daß Gleiches von allen Mitgliedern des Vereins
   geschieht.

3. Die Vereinsversammlungen regelmäßig zu besuchen und auf
   denselben dahin mitzuarbeiten, daß alle Zwecke des Vereins insbesondere gemeinsame nützliche Unternehmungen, Fortschritte in
   allen Zweigen der Landwirthschaft, regere Theilnahme bei den
   Wahlen möglichst gefördert werden.

4. Alle Aufmerksamkeit darauf zu richten, daß alle etwa unter
   den Vereinsgenossen entstehende Mißverständnisse, Uneinigkeiten,
   Gränz- und kleinere Besitz- und Rechtsstreitigkeiten, auch Injurien-
   sachen baldigst auf gütliche Weise ausgeglichen oder durch schieds-
   männischen Ausspruch beendigt werden.

5. Auf die Ansammlung eines Abfindungscapitals mit allem Ernste
   bedacht zu sein und selbst über die Erbfolge und die Abfindungen
   der abgehenden Kinder rechtzeitig möglichst überlegte und gerechte
   Bestimmungen zu treffen, wie mit darüber zu wachen, daß keines
   der Vereinsmitglieder dieses unterläßt.

6. Für Hebung des eigenen, wie des Wohlstandes aller Vereinsgenossen, für die Förderung aller gemeinsamen Interessen, für
   die Verbreitung der Bildung und des Gemeinsinns, insbesondere
   für die Abwehr aller den Bauernstand bedrohenden Gefahren
   kräftig mit einzutreten.

## §. 4.

### Organisation des Vereins.

Die Mitglieder des Bauernvereins wählen alle Jahre am Stiftungstage aus ihrer Mitte einen Vorsitzenden, einen Stellvertreter desselben, einen Schriftführer, einen Kassirer und einen Beisitzer, der in Verhinderungsfällen die zuletzt genannten zu vertreten hat. Alle fünf sind wieder wählbar.

## §. 5.

Der Vorstand hat nach Möglichkeit auch dahin zu arbeiten, daß ihr Verein sich den benachbarten Bauernvereinen anschließt und so eine weitere Verbindung geschaffen wird, sei es nun dadurch, daß blos die Vorstände der einzelnen Vereine diese bilden oder dadurch daß die thätigsten Mitglieder aller Vereine zu einem größeren Vereine zusammentreten.

## §. 6.

Dieser größere Verein hat dann als weiteres Ziel zu verfolgen, daß eine Bauernkasse gegründet wird, in welcher die Mitglieder der einzelnen Vereine ihre Ersparnisse einlegen, aus welcher sie Darlehne erhalten und bei welcher sie später ihre Früchte gegen Hagelschlag und ihre Gebäude gegen Feuerschaden zu ermäßigten Prämien versichern können.

## §. 7.

Jeder Bauernverein wird als constituirt betrachtet, sobald bestimmte Statuten angenommen und ein Vorstand bestellt ist. Alle Aemter sind Ehrenämter. Zur Bestreitung etwaiger Unkosten zahlt jedes Mitglied jährlich fünf Silbergroschen an die Vereinskasse.

## §. 8.

Die einmal angenommen Statuten können nur durch eine Stimmenmehrheit von drei Viertel aller Mitglieder abgeändert oder durch Zusätze ergänzt werden.

# II.

## Entwurf zu einem Statut für die Bauernkasse zu Münster in Westfalen.

### §. 1.

Die Bauernkasse in Münster ist zu dem Zwecke errichtet, um zur Erhaltung eines selbstständigen Bauernstandes besonders des mittlern, und zur Beförderung des Wohlstandes desselben mitzuwirken.

### §. 2.

Zu diesem Zwecke nimmt sie Einlagen von 10 Thlr. aufwärts an und gibt Darlehen unter den in den folgenden Paragraphen näher angegebenen Bedingungen. Die Erweiterung zu einer Versicherungskasse bleibt vorbehalten.

### §. 3.

Vorläufig ist diese Kasse nur für den Regierungsbezirk Münster bestimmt; ob ihr später eine größere Ausdehnung gegeben werden kann, wird die Zukunft entscheiden.

### §. 4.

Jeder bäuerliche Besitzer im gedachten Regierungsbezirke kann dieser Kasse beitreten, wenn er dem Bauernverein seines Wohnorts angehört und einen Thaler Eintrittsgeld gezahlt hat.

### §. 5.

Nur von solchen, welche auf diese Weise Theilhaber der Bauernkasse geworden sind, können Einlagen angenommen und nur an solche dürfen Darlehne gegeben werden.

### §. 6.

Jeder Theilhaber hat jedes Jahr einen Thaler Beitrag zu zahlen; für das erste Jahr gilt dafür der an Eintrittsgeld gezahlte Thaler. Wer bis zum 1. Februar des Jahres diesen Beitrag nicht gezahlt hat, verliert damit das Recht Einlagen zu machen und Darlehn zu erhalten. §. 5. Die Vorstände der Ortsbauernvereine haben diesen Beitrag von denen ihrer Mitglieder, welche der Bauernkasse beigetreten sind, einzuziehen und bis zum 1. Februar dem Rendanten der Bauernkasse einzuliefern.

## §. 7.

Die Bauernkasse verzinset die Einlagen mit 4% von dem ersten Tage des auf den Einlage=Tag folgenden Monats ab und leihet aus zu 4½%. Die Herabsetzung des Zinsfußes für Darlehne zu 4% tritt ein, sobald die Kosten der Verwaltung durch die jährlichen Beiträge der Theilhaber gedeckt werden.

## §. 8.

Darlehne aus der Bauernkasse dürfen nur auf Bauerngüter und nur gegen eine in Grund und Boden hauptsächlich bestellte Hypothek ausgeliehen werden und auch auf diese nur bis zu ⅔ des Werthes, welchen das betreffende Gut nach der vom Ortsbauernvereine aufge= stellten Taxe hat. Bei Gesuchen um ein Darlehen ist diese Taxe beizubringen.

## §. 9.

Liegen mehr Gesuche um Darlehen vor, als zur Zeit aus der Bauernkasse gegeben werden können, so haben diese in folgender Stufenfolge den Vorzug:

Zu allererst sind solche zu berücksichtigen, bei welchen ohne Be= willigung des Darlehens die Erhaltung des Gutes im Besitze der Familie und des Bauernstandes überhaupt in Frage kommen würde;

an zweiter Stelle solche, wenn ein Theilhaber der Bauernkasse für einen seiner Söhne ein zum Verkaufe kommendes Bauerngut mit dem Darlehn ankaufen will;

an dritter Stelle solche, wenn das Darlehen verwandt werden soll, um abgehenden Kindern eine angemessene Abfindung zu geben;

an vierter Stelle solche, wenn das Darlehen dienen soll, um größere Verbesserungen auf dem Gute vorzunehmen. Gehören mehrere Gesuche der gleichen Stufe an, ohne alle zu gleicher Zeit bewilligt werden zu können, so ist dann resp. denen unter den Gesuchstellern der Vorzug zu geben, deren Ortsbauernverein die größere Zahl der Theilhaber an der Bauernkasse aufzuweisen hat. Ist bei mehreren diese Zahl gleich, so entscheidet das Loos in dem Falle, daß nicht alle berücksichtigt werden können; im Uebrigen bestimmt sich jedesmal die Reihenfolge nach jener Zahl.

### §. 10.

Für Einlagen, die zurückverlangt und in gleicher Weise für Darlehen, die von dem Anleiher sollen zurückgezahlt werden, gilt als Norm eine dreimonatliche Kündigungsfrist, die immer vom ersten des folgenden Monats abläuft. Die Bauernkasse selbst kündigt kein Darlehen, solange die eingereichte Taxe unverändert bleibt und die Zinsen ohne Verzug gezahlt werden.

### §. 11.

Die Bauernkasse wird verwaltet durch einen Vorstand, welcher besteht aus einem Director, Rendanten und Revisor, und dieser Vorstand wird hinsichtlich der Verwaltung durch einen aus den Theilhabern und so aus dem Bauernstande selbst gewählten Rath beaufsichtigt.

### §. 12.

Dieser Aufsichtsrath wird gebildet durch die je drei Abgeordneten, welche jeder Ortsbauernverein in denselben zu wählen und zu entsenden hat, und tritt jedes Jahr am zweiten Januar zu einer ordentlichen und sonst so oft, als es die Interessen der Bauernkasse erfordern, zu einer außerordentlichen Versammlung zusammen. Diesen Versammlungen kann jeder Theilhaber der Bauernkasse beiwohnen und ist auch auf derselben stimmberechtigt.

### §. 13.

Auf der ordentlichen Versammlung am zweiten Januar wird zunächst von den stimmberechtigten Anwesenden mit einfacher Stimmenmehrheit ein Vorsitzender, welcher die Verhandlungen zu leiten hat, gewählt. Dieser wählt den Protocollführer. Nachdem die Sitzung eröffnet ist, erstattet der Director den Bericht über die Wirksamkeit der Kasse im verflossenen Jahre, und kann auch bei dieser Gelegenheit, wenn er nach den bisher gemachten Erfahrungen das Statut in einigen Punkten einer Abänderung oder Ergänzung bedürftig findet, diese hervorheben und desfallsige Anträge stellen. Es bleibt aber dem Ermessen der Versammlung überlassen, ob sie über diese in Berathung treten und Beschlüße fassen will. Sodann legt der Rendant die Rechnung des verflossenen Jahres mit den Belägen vor und giebt zu den einzelnen Theilen die nöthigen Erläuterungen. Alsdann theilt der Revisor den Revisionsbericht über die vom Rendanten gelegte Jahresrechnung mit, macht auf die von dem

Rendanten noch nicht erledigten Monita, sowie auf die etwa nieder=
zuschlagenden Resteinnahmen aufmerksam, veranlaßt die Versammlung
über beide Beschluß zu fassen und beantragt die Decharge, je nach
den Umständen unbedingte oder mit Vorbehalt in einzelnen Punkten.

Endlich werden der Director, Rendant, und Revisor gewählt:
die bisherigen sind wieder wählbar; auch steht es in dem Belieben
der Versammlung sie auf mehrere Jahre zu wählen; einfache
Stimmenmehrheit genügt; auch ist die Versammlung bei dieser Wahl
in keiner Weise gebunden, sie kann die obigen aus dem Bauernstande
selbst oder daher und sonst jeden, wo und welchen sie für geeignet
und für zuverläßig hält, wählen. Auch trifft sie, wenn nicht auf
mehrere Jahre eine Festsetzung darüber gemacht ist, Bestimmungen
über die Besoldung der Mitglieder des Vorstandes.

§. 14.

Alle drei stehen nur unter dem Aufsichtsrath, sind nur diesem
verantwortlich, dürfen keinem, als nur den Mitgliedern desselben,
Einsicht in die Bücher und Verhältnisse der Bauernkasse gestatten, be=
sorgen die gemeinsamen Anlagen seiten der Bauernkasse, haben aber
einzeln folgende Obliegenheiten:

1. Dem Director insbesondere liegt ob das Ausleihe-Geschäft;
er wacht darüber, daß die im §. 8. 9 aufgestellten Grundsätze genau
beobachtet werden, bewahrt die Schulddocumente und alle wichtigen
Schriftstücke, auch wenn diese vorhanden sind, die Werthpapiere der
Bauernkasse, trägt die ankommenden, wie abgehenden Schreiben mit
Tag und Datum in das Tagebuch ein und fertigt letztere an, beruft
alle 14 Tage die beiden anderen Mitglieder des Vorstandes zu einer
gemeinsamen Berathung, um gemeinsam mit ihnen alle Geschäfte,
die nicht speciell den einzelnen Vorstandsmitgliedern überwiesen sind,
zu erledigen und namentlich um über Gewährung und Nichtgewäh=
rung der eingegangenen Darlehnsgesuche Beschluß zu fassen. Darlehen
über 500 Thlr. dürfen nicht gegeben werden, wenn nicht alle drei
sich einstimmig dafür erklären; bei kleineren Darlehen ist erforderlich,
daß wenigstens der Director und noch ein anderes Vorstandsmitglied
einverstanden sind. Der Director hat alle Vierteljahre eine außer=
ordentliche Revision der Kasse vorzunehmen und alle Geschäfte wahr=
zunehmen, die nicht speciell dem Rendanten und dem Revisor über=
tragen sind. Er führt auch das Siegel der Bauernkasse.

2. Der Rendant hat die Kasse, und alle Kassengeschäfte zu besorgen;
er hat über alle Einnahmen und Ausgaben die erforderlichen Bücher
und Listen zu führen; er erhebt die Zinsen für die ausgeliehenen

Capitalien und kann sie ohne dazu vorher bei dem Director die Genehmigung einzuholen, einklagen, er empfängt die Capitalien, die zurückgezahlt werden, muß aber die Zurückzahlung sofort in dem betreffenden Buche bemerken und in der nächsten Vorstandssitzung davon die Anzeige machen. Die löschungsfähige Quittung muß von allen drei Mitgliedern des Vorstandes unterschrieben werden. Einlagen kann er zu jeder Zeit ohne Mitwirkung des Directors annehmen, stellt darüber eine vorläufige Bescheinigung aus, und trägt die Einlage auch in das Sparkassenbuch ein, welches er in der nächsten Vorstandssitzung vorzulegen hat, wenn nicht in der Sitzung selbst die Einlage gemacht wird. In diesem Buche ist jede Einlage von wenigstens zwei Mitgliedern des Vorstandes zu bescheinigen und das Siegel beizudrucken. Jeder nämlich, welcher zum ersten Male Geld in die Bauernkasse legt, erhält ein auf seinen Namen lautendes Sparkassenbuch, dem gegenwärtiges Statut vorgedruckt ist. Dieses bleibt in Verwahr des Rendanten, bis es von dem Eigenthümer desselben oder in dessen Namen abgeholt wird. Will Jemand, der schon ein Sparkassenbuch besitzt, eine neue Einlage machen, so hat er dieses mit zur Stelle zu bringen, damit sie, wie die erste, gehörig eingetragen und bescheinigt werde. Wer die Zinsen nicht im Januar empfängt, genehmigt dadurch stillschweigend, daß sie zum Capitale geschrieben werden sollen.

Jedes Jahr vom 15. November bis zum 15. Dezember hat er die Jahresrechnung aufzustellen und diese bis zu dem zuletzt angegebenen Termin dem Revisor zu übergeben, auch zu Ende jedes Monates den Kassenabschluß zu machen und dem die Kasse revidirenden Revisor vorzulegen. Behufs Aufstellung der Jahresrechnung ist die Kasse vom 15. November bis 3. Januar geschlossen. Der Rendant hat eine näher festzusetzende Caution zu zahlen.

3. Dem Revisor liegt es ob, am Ende jedes Monates die Kasse zu revidiren, die Bücher und Listen zu prüfen und sich zu überzeugen, ob der Kassenabschluß richtig gemacht und der Bestand richtig angegeben ist und sich vorfindet. Dann hat er die ihm am 15. Dezember j. J. vorzulegende Jahresrechnung in allen Theilen einer sorgfältigen Prüfung zu unterziehen und die von ihm gezogenen Monita zunächst dem Rendanten und die von diesem nicht erledigten mit dem Revisionsbericht der Versammlung am 2. Januar vorzulegen.

## §. 15.

Bei einem nach vorstehendem Statute ordnungmäßigen Ver-

fahren können freilich keine Verluste entstehen, sollten diese aber den-
noch eintreten, so fallen sie den Einlegern, jedem nach der Höhe der
Einlage zur Last.

---

# III.

## Beitrag zur Geschichte des Münsterländischen Bauernstandes seit 1808.

### §. 1.

Für den Bauernstand des Münsterlandes, welches in Folge des
Friedens zu Tilsit (am 21. Juli 1807) dem Großherzogthum von
Berg einverleibt worden war, bildet das Decret Napoleons, des
damaligen Großherzogs von Berg vom 12. Dez. 1808, erlassen im
kaiserlichen Lager zu Madrid, ein wichtiges Ereigniß, den Anfangs-
punkt einer neuen Zeit. Denn durch genanntes Decret wurde die
Leibeigenschaft (Eigenbehörigkeit) auch für das Münsterland aufgehoben,
so daß die bisherigen eigenbehörigen Bauern nun Eigenthümer ihrer
Colonate wurden; es wurden abgeschafft ohne Entschädigung 1) der
Gesinde=Dienstzwang, 2) das Recht der Freilassung und die Frei=
käufe, 3) der Sterbfall, sofern er nicht auf einem Colonate haftete,
4) die Frohnden, Hand= und Spanndienste und alle persönlichen
Dienstleistungen; und gegen Entschädigung 1) der Erbfall, welcher
auf einem Colonate haftete 2) die Erbgewinn= Auffahrts= oder Weinkaufsgelder, 3) der Heimfall. Die Entschädigung für die unter 1—3
genannten Rechte soll binnen drei Monaten nach Verkündigung des
Decretes durch gütliche Vereinbarung zwischen den Parteien festge-
stellt werden. Nach Artikel 14 sollen die Bauern das Eigenthum
alles Bau= und hochstämmigen Holzes auf dem Colonate haben, wenn
sie bisher den ausschließlichen Genuß davon hatten. Die folgenden
Artikel bis 19 enthalten Bestimmungen für die Fälle, wenn die
Benutzung des Holzes dem Gutsherrn und dem Bauer gemeinsam
zustand oder wenn dieses ohne Einwilligung des Gutsherrn nicht ge-
hauen werden durfte. Auch diese Bestimmungen waren im Allgemeinen für die Bauern günstig. Mit diesem Decrete ergoß sich über
den Bauernstand des Münsterlandes Freude und Jubel, ein neues
Leben und regere Thätigkeit. Denn sie hatten die Freude, daß
fortan nicht mehr ihre Söhne und Töchter auf den Höfen der Gutsherren als Knechte und Mägde unentgeltlich zwangsweise zu dienen

brauchten. Nicht weniger angenehm war es für sie, daß sie ferner nicht mehr ihre Söhne und Töchter, wenn diese von dem Colonate abgehen und sich auf ein anderes Colonat verheirathen wollten, mit einer Summe Geldes, die der Gutsherr willkührlich festsetzte, freizukaufen hatten. Am meisten aber machte es ihnen Freude, daß sie fortan von den lästigen Frohnden und Diensten auf den adlichen Gütern befreit waren. Im höchsten Grade war es auch erfreulich für sie, daß, wenn sie selbst vor Alter schwach und arbeitsunfähig geworden und genöthigt waren, einem der Söhne den Hof zu übergeben, dieser fortan nicht mehr die großen Erbgewinn- oder Auffahrtsgelder zu zahlen hatte. Denn je mehr der Bauer sich geplagt und durch Fleiß und Sparsamkeit zum Wohlstande gekommen war, desto höher wurde bisher vom Gutsherrn die als Gewinn zu zahlende Summe gestellt. Nach diesem Decrete konnte der Bauer verlangen, daß nach beiderseitiger Vereinbarung die ein für allemal zu zahlenden Gewinngelder bestimmt wurden. Damit aber waren die Gewinngelder für immer abgeschafft. Es ist daher nicht zu verwundern, daß durch dieses Decret der Bauernstand in eine freudige Stimmung versetzt wurde. Und mochte auch die Heiterkeit und Fröhlichkeit, welche jetzt den Bauernstand durchdrang und besonders das junge Volk erfüllte, auch Veranlassung sein, daß mancher Bauer an den „Süff" kam, und mancher Bauernsohn bei einer Lustbarkeit über die Grenzen der Mäßigkeit ging, kurz mochte auch die Genußsucht bei dem früheren nüchternen Bauernvolke mehr Eingang finden, im Allgemeinen doch war diese freudige Erregung für den Bauernstand von heilsamen Folgen und führte ihn aus der Stumpfheit zu neuem Leben, aus der Schlaffheit zu größerer Thätigkeit. Denn jetzt sah man die Bauern auf ihren Höfen junge Eichen setzen und in ihren Holzungen neue Anpflanzungen machen; denn jetzt konnten sie hoffen, daß sie damit ihren Enkeln noch nützen würden. Jetzt wurde der Ausfluß aus den Ställen auf die am Hofe liegende Wiese hingeleitet, diese auf alle Weise verbessert und wo möglich erweitert, jetzt wurde vor Allem auf eine bessere Fütterung des Viehes hingearbeitet, daher der Bau von Futterkräutern fleißiger betrieben, der Acker stärker bedüngt und sorgfältiger bebaut, mehr für Entwässerung durch Abzugscanäle gesorgt. Auf diese und andere Weise zeigten sich überall die Bauern rührig und thätig, ihre Wirthschaft zu verbessern. Die größere Unternehmungslust, die jetzt ganz im Gegensatz der früheren Indolenz den Bauernstand beseelte, trieb auch manchen größeren Schulzen dazu, auf seinem Gute eine Mühle, andere eine Brennerei anzulegen. Wie viele Wassermühlen, wo ein Fluß, wenn auch nur für die Winter-

monate das eben dazu nöthige Wasser darbot, oder Windmühlen, wie
viele Branntweinbrennereien sind nicht in damaliger Zeit entstanden!
Dieser neue Lebensschwung zeigte sich besonders darin, daß die meisten
Bauern auch damals anfingen, ihre Häuser im Aeußeren zu ver-
schönern und im Inneren besser einzurichten. Die alten Lehmwände,
zunächst an den oberen zur Wohnung für die Menschen bestimmten
Theile des Hauses wurden herausgeschlagen und Backsteine, die von
den Bauern selbst in sogenannten Feldbränden gebrannt waren, ein-
gemauert und dann mit weißen Kalkstrichen ausgestrichen. Die alten
kleinen Fenster an beiden Seiten der Küche und an den Stuben
mit den kleinen in bleigefaßten Scheiben wurden durch große Fenster
mit Holzrahmen und großen Scheiben („englische Luchten") ersetzt und
dadurch in die Küche und Stuben eine größere Helligkeit gebracht.
Vor dieser damals mächtigen Mode mußten selbst die oftmals noch
ziemlich gut erhaltenen Glasmalereien in den Küchenfenstern weichen.*)
Im Inneren der Küche wurden die hölzernen Ständer in den Wänden
angestrichen und die Wände geweißt; dann wurde eine sogenannte
„beste Stube" eingerichtet und manchmal auch schon tapeziert. Fast
in allen Bauernhäusern war in früheren Jahrhunderten die Tenne
und die Küche meistens ein einziger noch nicht geschiedener Raum
gewesen, dann später waren diese durch wegnehmbare Bretter und
große Flügelthüren in zwei getrennte Theile geschieden; jetzt wurde
auch diese hölzerne Scheidewand ungenügend befunden und eine neue
durch festes, aus Backsteinen ausgemauertes Fachwerk mit einer
kleinen Thüre zur Tenne aufgerichtet, jetzt wurden auch Küche und
Tenne statt der Bedeckung mit gestampftem Lehm, mit steinernen
Flurplatten belegt. Auch ein feinerer „sogenannter" Jagdwagen, um
damit zur Kirche und zu vorkommenden Festen zu fahren, meist grün
angestrichen, durfte nicht fehlen.

Auch die Lebensweise und die Kleidung erfuhren in Folge dieses
Aufschwunges vielfach eine Umwandlung. Früher kannte man in
der Bauernfamilie den Kaffee nicht, sondern die kernige Bauernfrau
aß mit ihren Töchtern und Mägden Morgens Grütze, jetzt begann
sie Kaffee zu trinken, und bald trank man in vielen Bauernfamilien
nicht blos Morgens, sondern zehn Uhr und Nachmittags Kaffee. So

---

*) In meinem elterlichen Hause fanden sich an der westlichen Küchen-
seite zwölf noch ziemlich gut erhaltene Glasmalereien aus dem sechszehnten
Jahrhunderte, von Verwandten und hohen geistlichen Gönnern geschenkt,
wie die Unterschriften nachweisen; die sechs oberen stellten die sechs Tage
der Schöpfung, die sechs unteren die Fides, Spes, Charitas, Fortitudo,
Justitia und, wenn ich nicht irre, die Concordia dar.

trug auch der Bauernstand bald das Seinige dazu bei, daß für dieses fremdländische Product viel Geld aus dem europäischen Continente wanderte. Auch die Körperkraft und gesunde, kernhafte Natur, wie sie sich im Bauernstande bisher erhalten hatte, mußte durch dieses Aufgeben der kräftigen Nahrung eine Schwächung erleiden und mit der verweichlichten Lebensweise stellten sich vorher nicht gekannte Krankheiten ein, so daß auf den Dörfern, auf welchen früher ein einziger Arzt nicht sein Bestehen fand, jetzt zwei und mehrere Aerzte bestehen konnten. Eben so kamen die früheren Bauerntrachten in Abnahme. Nur die ganz alten Bauernmütterchen hielten noch die oben an der Stirne über das zurückgekämmte Haar gelegte Binse bei; nur die ganz „däftigen" Bauernfrauen legten die sogenannten Nebelkappen nicht ab und prunkten noch an den kirchlichen hohen Festen, besonders an den sogenanten vier Hochzeiten und bei sonstigen festlichen Gelegenheiten mit ihren besonders an der hinteren breiten Fläche mit Silber- und Goldborden reich besetzten Kappen. Doch wurde dieser Kopfputz bei den Bauernfrauen immer seltener, die jüngere Welt nahm immer mehr städtische Moden an. Aehnlich ging es bei den Männern. Immer seltener sah man Bauern in der alten Tracht, mit dem breitrimpigen Hute, den kurzen nur über die Knie gehenden Hosen, den großen silbernen Schnallen auf den Schuhen. Die langen Hosen, die Stiefeln, die Tuchröcke kamen mehr und mehr in Aufnahme; selbst der Bauernknecht schämte sich mit einem leinenen Kittel Sonntags in die Kirche zu gehen. Die Bauernsöhne trugen jetzt Sonntags oder wenn sie zur Kirchmesse oder einem anderen Feste gingen, um gehörig geputzt zu sein und, um das gröbere Hemd zu verbergen, feinere Vorhemde mit krausen Fresen. Die Schuhe und Stiefeln, wenigstens die der Herrschaft, wurden jetzt nicht mehr am Sonnabend mit Thran geschmiert, sondern nur fein und blank gewichset.

Diese Art der Bekleidung, welche sich immer mehr im Stoffe und Zuschnitte der Tracht der Städter näherte, machte aber größere Ausgaben nöthig und daher mußte man sich anstrengen, um mehr einzunehmen. Die Bauernfrau und die putzliebende Tochter mußten jetzt suchen mehr Eier und Butter zu verkaufen, um Geld für ihre neuen Anschaffungen zu bekommen. So war die größere Kleiderpracht wieder ein neuer Sporn zu größerer Rührigkeit und Thätigkeit. Kurz durch das Napoleon'sche Decret vom 12. Dez. 1808 wurden die Bauern im Münsterlande Eigenthümer ihrer Höfe, wurden von manchen lästigen Diensten und Abgaben befreit und durch die größere Freiheit, wie auch durch die erhöheten Ausgaben zu einer regeren Thätigkeit angespornt. Mit Recht datirt also der Bauer in Münsterland von dem Jahre 1808 die neuere Zeit, den Beginn seiner Freiheit und Selbstständigkeit, so wenig er auch in anderen Beziehungen sich veranlaßt finden kann, sich der Fremd= herrschaft dankbar zu erinnern.

## §. 2.

Als darauf durch die Schlacht bei Leipzig (vom 16—19. Octbr. 1813) die Macht Napoleons gebrochen und derselbe durch den kühnen Siegeslauf der Verbündeten bis in die Hauptstadt Frankreichs zur Abdankung gezwungen worden war, wurden dem Preußischen Staate die ihm im Tilsiter Frieden entrissenen Länder größtentheils wieder zurückgegeben und so kam auch das ehemalige Stift Münster und zwar nicht blos der Theil, welchen Preußen schon in Folge des am 25. Febr. 1803 zu Regensburg abgeschlossenen Reichsdeputations= Hauptschlusses besessen hatte, sondern auch der Theil, welcher damals dem Herzoge von Looz und Corswaren, dem rheingräflichen Hause Salm und dem Herzoge Croy zur Entschädigung für die am linken Rheinufer verlorenen Besitzungen gegeben worden war, an die Krone Preußens. Die Preußische Regierung stellte sich gleich vom Anfange an hinsichtlich der gutsherrlichen, bäuerlichen Verhältnisse auf den richtigen Standpunkt, nämlich auf der einen Seite dem Bauer die durch das obengenannte Decret gegebenen Rechte und Befreiungen nicht wieder zu nehmen, und auf der anderen Seite dem Gutsherrn alle die Einkünfte und Rechte die ihm jenes Decret nicht genommen, auch ferner zu erhalten. Die Unsicherheit der Rechtsverhältnisse aber, die viele unnütze Processe zur Folge hatte, machte es immer dringen= der nöthig, diese Verhältnisse durch ein umfassendes neues Gesetz zu ordnen.

Diesem unsicheren Rechtszustande wurde ein Ende gemacht durch das Gesetz „über die den Grundbesitz betreffenden Rechtsverhältnisse und über die Realberechtigungen in den Landestheilen, welche zu dem ehemaligen Großherzogthum Berg eine Zeitlang gehört hatten," welches durch allerhöchste Kabinetsordre vom 21. April 1825 ge= nehmigt wurde.

Durch dieses Gesetz wurden die während der Fremdherrschaft erlassenen Decrete und so auch das Decret vom 12. Dez. 1808 zwar außer Kraft gesetzt, aber es blieb nach §. 4 die Leibeigenschaft (Erbunterthänigkeit, Eigenbehörigkeit) aufgehoben, es blieben ferner nach §. 5 ohne Entschädigung aufgehoben: 1) die blos persönlichen Dienste; 2) die Verbindlichkeit, im Hause der Gutsherrn als Gesinde zu

dienen; 3) die Verbindlichkeit zur Eingehung einer Heirath die Ein=
willigung des Gutsherrn einzuholen und an diesen für die Ein=
willigung eine Abgabe zu zahlen; 4) alle ungemessenen Dienste.
Auch wurde den Bauern das volle Eigenthumsrecht an ihren Höfen
nicht entzogen. Denn der §. 15 besagt ausdrücklich, daß jeder
bäuerliche Besitzer, welchem zu der Zeit, wo die erlassenen fremden
Gesetze für ihn Gesetzkraft erhielten, ein vererbliches Besitzrecht an
einem Grundstücke zustand, daran das volle Eigenthum erworben habe.
Nach §. 7 steht auch ferner dem Gutsherrn kein Recht in Ansehung
der Erziehung und Bestimmung der Kinder zu. Auch kann er ihnen
weder die Verbindlichkeit auflegen, bei dem Bauernstande und dem
Gewerbe ihrer Eltern zu bleiben, noch sie verhindern, sich außerhalb
des Bauerngutes niederzulassen, und ihm steht eben so wenig das
Recht zu unter mehreren Miterben den Annehmer einer bäuerlichen
Stelle zu bestimmen. §. 8. Er kann von den Bauern den Eid
der Treue und Unterthänigkeit nicht fordern. §. 9. Er kann sie
zur Erfüllung ihrer beibehaltenen Verbindlichkeiten gegen ihn weder
durch körperliche, noch durch Geldstrafen nöthigen, sondern sich nur
an die Gerichte wenden, da der Dienstzwang und jedes andere Recht
dieser Art aufgehoben ist. §. 10. Aufgehoben ist ferner das unter
dem Namen Sterbefall, Mortuarium ꝛc. bekannte Recht eines Guts=
oder Gerichtsherrn, einen Antheil aus einer Verlassenschaft zu
fordern; wenn jedoch dieses Recht nicht auf einen aliquoten Theil
der Erbschaft, sondern auf ein einzelnes Stück derselben (Besthaupt ꝛc.)
gerichtet ist, und zugleich auf einem Bauerngute haftet, so soll es
ausnahmsweise fortdauern. §. 19. Der Berechtigte hat hinfort in
Beziehung auf die ihm noch zuständigen Geldabgaben und Natural=
leistungen keine anderen Rechte, als die eines Realgläubigers, diese je=
doch mit denjenigen Vorzugsrechten, welche die allgemeinen Gesetze
ihm beilegen. Demnach brachte das Gesetz vom 21. April 1825
keine wesentlichen Abweichungen von dem Decrete vom 12. Dec. 1808
und im Ganzen blieben die Rechtsverhältnisse zwischen den Guts=
herrn und Bauern auf der Grundlage bestehen, wie sie jenes Decret
geschaffen hatte. Nur waren durch dieses Decret auch noch aufge=
hoben 1) der Erbfall, welcher auf einem Colonate haftete; 2) die
Erbgewinne: Auffahrts= oder Weinkaufsgelder; 3) der Heimfall. Aber
diese Rechte waren nicht unbedingt und ohne alle Entschädigung auf=
gehoben, sondern ausdrücklich nur gegen eine Entschädigung, welche
binnen drei Monaten, nachdem jenes Decret Gesetzkraft erlangt habe,
auf dem Wege gütlicher Vereinbarung zwischen den Parteien festzu=
stellen war.

Bei der kurzen Dauer der fremdherrlichen Gesetzgebung war allerdings nur in wenigen Fällen eine solche Vereinbarung zu Stande gekommen. Aber schon darin, daß die genannten Verbindlichkeiten einmal aufgehoben gewesen waren, wenn auch nur gegen Entschädigung, wie überhaupt darin, daß das volle Eigenthum, wenn auch mit Realabgaben belastet, durch jenes Decret den Bauern gegeben, durch dieses Gesetz bestätigt war, lag es begründet, daß auch die Rechte, Geldabgaben und Naturalleistungen, welche dem Gutsherrn geblieben waren, für ablösbar erklärt und also zur Ergänzung des Gesetzes vom 21. April 1825 baldmöglichst eine Ablösungsordnung gegeben werden mußte. Diese, in der Kabinetsordre vom 21. April 1825 wie in dem Gesetze selbst §. 95 verheißen, erschien unter dem 13. Juli 1829 und gab jedem Eigenthümer eines Bauerngutes, welcher früher einem Gutsherrn eigenbehörig gewesen war, das Recht, die Ablösung der noch nicht aufgehobenen früheren gutherrlichen Abgaben, Leistungen und Dienste unter den in der genannten Ablösungsordnung festgesetzten Bedingungen verlangen zu können. Ausgenommen waren von diesem Anspruche auf Ablösung 1) die öffentlichen Lasten mit Einschluß der Gemeinde-Abgaben und Gemeindedienste. 2) die aus dem Kirchen- oder Schulverbande entspringenden Abgaben und Leistungen. §. 19. Die Ablösung geschieht entweder durch Abfindung d. h. durch gänzliche Auseinandersetzung vermittelst einer für immer gegebenen vollständigen Entschädigung oder durch Verwandlung der abzulösenden Last in eine fortdauernde Last anderer Art, (z. B. in eine Rente). §. 20. Die Abfindung geschieht entweder durch Abtretung von Grund und Boden (Landabfindung) oder durch Bezahlung eines Capitals in baarem Gelde (Capital-Abfindung) oder durch beides zugleich. §. 21. Bei festen Getreide-Abgaben und bei allen Arten der Zehenten von Bodenerzeugnissen kann der Verpflichtete die Abfindung jederzeit dadurch bewirken, daß er Capital in einer unzertrennten Summe zahlt, welche Abfindung der Berechtigte anzunehmen schuldig ist. §. 22. Außerdem kann aber bei den im §. 21 genannten Lasten entweder Land oder Capital-Abfindung bewirkt werden und wenn der Berechtigte die Abfindung provocirt, so hat der Verpflichtete die Wahl zwischen der Land-Abfindung und der Capital-Abfindung. §. 23. Provocirt der Verpflichtete, so hat der Berechtigte die Wahl zwischen Land und Capital. Wählt der Berechtigte Land, so kann der Verpflichtete diese getroffene Wahl dadurch abwenden, daß er Capital in einer unzertrennten Summe anbietet, welche Abfindung der Berechtigte annehmen muß. §. 32. Die Capitalabfindung geschieht durch Bezahlung des fünf und zwanzigfachen Betrages

des Geldwerthes einer Jahresleistung. Die Ausführung dieser Ab=
lösungsordnung wurde der für das Gesetz vom 25. September 1820
und dann weiter für das Gesetz vom 21. April 1825 bereits be=
stellten General=Commission zu Münster übertragen, welche in jedem
Kreise eine Kreisvermittelungsbehörde zu errichten hatte.

So war dem durch diese Ablösungsordnung den Bauern die
Möglichkeit gegeben, alle auf ihrem Gute haftenden festen Geld=,
Getreide=, Zehnten= und Natural=Abgaben, die Antritts= oder Ge=
winngelder, den Sterbefall, wo derselbe bestand, den Heimfall, alle
Dienste, soweit sie nicht durch das Gesetz vom 21. April 1825 ohne
Entschädigung aufgehoben waren, abzulösen und so ihr Gut von
allen früheren gutsherrlichen Lasten und Abgaben für immer frei zu=
machen. Auch haben meistens die Bauern die günstige Gelegenheit,
welche ihnen durch die Ablösungsordnung geboten wurde, nicht unbe=
nutzt gelassen, sondern sich freigekauft. Die Liebe zur Freiheit und
Selbstständigkeit trieb schon dazu: auch war mancher der frühern
Gutsherren bezüglich dessen Rentmeister verhaßt, und der Wunsch,
von diesem loszukommen die Triebfeder zum Freikaufe. Diese ist
meistens durch Capitabfindung bewirkt, welche ja auch in den meisten
Fällen für den Bauer die vortheilhafteste war. Wenn nun aber
das ganze Capital dazu aufgeliehen werden mußte, so hatte der
Bauer wenigstens für die Zeiten, wo die Kornpreise niedrig waren,
wenig durch den Freikauf seine Abgaben vermindert, oft sogar ver=
mehrt. Es wurde ihm namentlich in solchen Zeiten oft recht schwer,
die Zinsen für das aufgeliehene Capital zu zahlen. Der Capitalist
gab auch keinen Nachlaß an Zinsen, wie doch früher oft der Guts=
herr in schlimmern Zeiten einen Theil der Pacht erlassen hatte.
Außerdem lag es in der Hand des Capitalgläubigers, den Bauer,
wenn derselbe ein oder das andere Jahr mit den Zinsen in Rück=
stand geblieben war auf die Zinsen einzuklagen, ihm das Capital zu
kündigen und wenn dieses dann nicht anderweitig zu beschaffen war,
das Gut zur Subhastation zu bringen. Zudem waren die Staats=
steuern und die Ausgaben für die Gemeinde, für Kirche und Schulen
nicht wenig gestiegen. Es war daher, um die größeren Ausgaben
bestreiten zu können, jetzt eine weit größere Rührigkeit, eine ange=
strengtere Thätigkeit erforderlich, wenn die Bauern die eben erlangte
Freiheit und Selbstständigkeit behaupten wollten. Der Bauer, der
träge und nachlässig wirthschaftete, konnte jetzt nicht lange im Besitze
seines Gutes bleiben. Eben so brachte der Bauer, welcher leichtsinnig
ein Capital nach dem andern auf seinen Hof auflieh und Schulden
machte, es bald dahin, daß er von Haus und Hof wandern mußte.

Früher, als der Bauer noch dem Gutsherrn eigenbehörig war, hatte
er keine Schulden machen können, und kam nicht in die Gefahr, sein
Gut zu verlieren. Jetzt, wo er frei und selbstständig geworden war
und unbehindert sein Gut mit Schulden belasten konnte, mußte diese
Freiheit ihm zum Verderben werden, wenn er nicht den alten Mahn-
ruf: „Bour paß ub," sich ernstlich zu Herzen nahm, allen Fleiß
und alle Kraft aufbot, um aus dem Ackerbau, der Viehzucht, kurz
aus jedem, auch dem kleinsten Zweige der Wirthschaft einem höhern
Ertrag zu erzielen und größere Einnahmen zu gewinnen, welche die
größern Ausgaben deckten. Die meisten Bauern im Münsterlande
haben sich mit männlicher Kraft durch diese schwierige Aufgabe hindurch gearbeitet; sie haben sich bemühet, möglichst viel von dem zum
Freikaufe erforderlichen Capitale selbst zusammen zubringen und, was
dann noch fehlte, suchten sie von guten Freunden, Nachbarn, Verwandten gegen einen Handschein anzuleihen und strengten sich auf
alle Weise an, dieses möglichst bald wieder zurückzuzahlen. Auch
diejenigen, welche zum Freikaufe ein Capital gegen eine Schuldver-
schreibung hatten leihen müssen, waren meistens nicht weniger bemühet, alle Jahre wenigstens einen Theil wieder abzutragen. So
haben viele Bauern ihr Gut von allen gutsherrlichen Lasten und
Abgaben freigekauft und auch von den dazu aufgeliehenen Capitalschulden wieder freigemacht. Recht schwer ist dieses allerdings vielen
geworden und eine Bauernkasse hätte große Erleichterung bringen
können. Aber sie fehlte damals, wie sie heute noch vermißt wird.
Es ist nicht zu läugnen, daß, wenn eine Bauernkasse bestanden hätte,
viel weniger Bauern zu Grunde gegangen wären.

Doch es wird immer einen erfreulichen Beweis für die Kraft,
welche in unserem Bauernvolke liegt, abgeben, daß sich noch so, wie
fast nirgends anderswo, im Münsterlande ein freier, selbstständiger
Bauernstand erhalten hat. Denn die Bauerngüter, welche seit dem
Jahre 1808 bis jetzt im Münsterlande subhastirt und dann in kleinere Kottereien zerfallen oder zu Pachtgütern heruntergekommen sind,
bilden im Verhältniß zu denen, welche sich erhalten haben, eine kleine
Minderzahl.

Zu dieser Erhaltung des Bauernstandes hat auch ganz wesentlich der Umstand beigetragen, daß unsere Bauern mit einer wahren
Zähigkeit daran festhielten, ihr Gut nicht zu theilen, sondern ungetheilt an eins der Kinder zu übertragen und die übrigen mit einem
verhältnißmäßig kleinem Geldbetrage abzufinden. In dieser Erbtheilung kann, wie oben §. 3 gezeigt ist, eine große Ungerechtigkeit
gegen die übrigen Kinder liegen. Der Bauer hat aber offenbar

4

mit dem Eigenthumsrechte an seinem Gute das Recht erlangt, über dasselbe nach seinem Ermessen verfügen und dasselbe an eins der Kinder vererben zu können, sofern die übrigen Kinder in ihrem Pflichttheil nicht verletzt werden. Auch der Staat hatte schon durch das Gesetz vom 13. Juli 1836, welches inzwischen wieder aufgehoben ist, den westphälischen Bauer in diesem seinem Verfahren hinsichtlich der ungetheilten Vererbung des Gutes an eins der Kinder unterstützt und verfolgte mit dem Gesetze vom 4. Juni 1856 den gleichen Zweck. Denn nach §. 1 dieses Gesetzes sollen in den Fällen, wo eine Verfügung, durch welche ein in der Provinz Westphalen belegenes Landgut einem der Descendenten eigenthümlich zugewendet worden, wegen behaupteter Verletzung des Pflichttheils von einem andern dazu Berechtigten angefochten wird, bei der behufs Ermittelung des Pflichttheils erfolgenden Abschätzung des Gutes die in §§. 3 bis 7 dieses Gesetzes angegebenen Vorschriften Anwendung finden.

Dieses Blatt aus der Geschichte des Bauernstandes im Münsterlande ist beigegeben, um den jetzt lebenden und besonders den jungen Bauern die vergangenen Zeiten zur Belehrung, zur Aufmunterung und auch theilweise zur Warnung wieder vorzuführen.

———